# 一度読むだけで
# 忘れない
# 読書術

池田義博
世界記憶力グランドマスター

SB Creative

# はじめに

本を読んでいても、途中で意識が別のところに飛んでしまう。

意識は別のところにあるのに、目の動きは文章を追っていて、気づくと何ページも進んでいる。

目だけが文章を追っているだけなので、内容は全く頭に入っておらず、空白の何ページかを戻って読み返す……。


本書を手に取ったあなたは、こんな悩みを持っていませんか？


一方で、実際に世の中には大量の本を読み、しかもその内容を一切忘れずにいつでも取り出せる博識がごくまれにいます。

そんな博識の人に憧れ、あらゆる読書法を試したものの挫折した人も多いでしょう。これまでの読書法では結局うまくいかず、「やっぱり自分は凡人だし、本好きではないから……」と諦めているあなた。もう自分を責めるのはやめてください。

なぜなら、そういった博識の人とそうでない人とは、**ただ単に脳の使い方がほんのちょっと1％だけ違うという、ただそれだけ**だからです。あなたは何も悪くありません。ただ単にこれまでの読書法が間違っていただけなのです。

本書で紹介する**「イメージドリブン読書」**は、従来の読書法の問題点を**「脳科学×学習心理学」**の観点からすべて解消し、**「一度読むだけで100％忘れない」**ことを実現した世界で唯一無二の読書法です。

その特徴は主に2つあります。

**①読書なのに「文字」を追わない**

**②「映像」「シンボル（象徴）」「図式」の3つのイメージで読む**

なぜこの2つのポイントで、「一度読むだけで100％忘れない」読書が実現できるのか。そこには、**「人類古来の脳を取り戻す」**ことが関係しています。

## 人類古来に立ち返り、脳の記憶力が400％UPする！

ここで私自身について少し自己紹介をさせていただきます。

記憶力日本選手権大会に40代になってから参加し、20代も多くいる中、初参加の2013年から2019年まで出場した全大会ですべて優勝することができました。つまり、記憶力日本一を6度獲得したことになります。

また、ロンドンで開催された世界記憶力選手権において、日本人初の「世界記憶力グランドマスター」の称号を獲得しました。

では昔から記憶力がよかったかというと、全くの正反対でした。本を読んでいても途中で意識が別のところに行き、内容が頭に入っていないため、何ページかを戻って読み返す。冒頭でお伝えした、本を読んでも忘れてしまう悩みは何を隠そう、かつての私自身のことだったのです。

そんな**本を読んでも全体の4分の1程度しか覚えられなかった凡人の私が、本の内容の必要な情報を100％覚えられるようになった**のには、記憶の研究をしている中で、ある一つの発見があったからです。

それは、**脳は古来より「文字」が嫌いで、「イメージ」が好き**ということです。

考えてもみてください。人類は急速にあらゆる技術を発明してきたものの、脳自体は昔からほとんど変わっていません。

しかし、人類は幸か不幸か「文字」というものを発明してしまいました。脳自体には、初めから文字を理解する認知機能が備わっていないのにもかかわらずです。

それに対しイメージを思い浮かべることは、古来より人類に特有の脳に備わっている機能です。

つまり、先ほど紹介したいわゆる博識の人たちというのは、生まれつきか、あるいは何かしらのきっかけで、**自分でも気が付かないうちにたまたまこの「人類古来の脳の使い方」になっていた**という、ただそれだけなのです。

しかし、これまでもイメージで読む右脳系の読書法はありました。なぜそれでもほとんどの人が「忘れない読書」を実現できなかったのでしょうか。

そこにはもう一つ、本を読んだら忘れない博識の人たちが無意識にやっていることが関係しています。それが、**3つのイメージで読む**ということです。

## これまでの読書法では覚えられなかった本当の理由

従来の右脳系の読書法では、「イメージ」といったときに、その意味は「映像」のみを指しました。例えば、文章中に「書店」というカタチのある具体的な言葉（具象語）が出てきたら、頭の中で、たくさんの本に囲まれた書店の風景を**「映像化」**するというものです。

しかし、この従来の右脳系の読書法には、決定的に欠けている点があります。それは、**本の中に出てくる言葉は、カタチのある具体的なものごとばかりではない**ということです。

例えば、「愛」「自由」「夢」「平和」。これらは具体的なカタチのない抽象語です。従来の右脳系の読書法はこのような抽象語に対応していないため、「忘れない読書」が実現できなかったのです。

「平和」という言葉が出てきたら、例えば「ハト」を頭の中で描くことが必要です。このように抽象語が出てきたら、それを象徴するカタチある具象語を想像する。このような**「象徴化（シンボル化）」**も**「忘れない読書」には欠かせない**のです。

さらに、本の内容を理解するためには、この具象語と抽象語だけでは足りません。例えば、1つの文章Aと別の文章Bのつながりを把握する（例えば、Aが原因でBがその結果）、文章中に出てくる$\alpha$と$\beta$の大小関係を把握するなど、「関係性」を理解する必要があります。

このとき頭の中で「A→B」「$\alpha \vee \beta$」のような関係性を図式で描くことになります。このような**「図式化」も「忘れない読書」には欠かせない**のです。

本書では、この「映像」「シンボル」「図式」の3つのイメージ力をつけるトレーニングを盛り込んでいます。

トレーニングというと大変に思われるかもしれませんが、安心してください。**イメージ変換力が弱い〝読書嫌い〟のために考案した超・簡単な「見るだけ」のトレーニングです。**遊び感覚で気軽に初めていただくだけで、気づいたときには一度読むだけで100％忘れない「イメージドリブン読書脳」が手に入ります。

## 「イメージドリブン読書」は、人生までも変える〝神レベル〟の読書法

イメージドリブン読書の開発では、皆さんが〝本当に〟「一度読むだけで忘れない読書」

## 「イメージドリブン読書」とは?

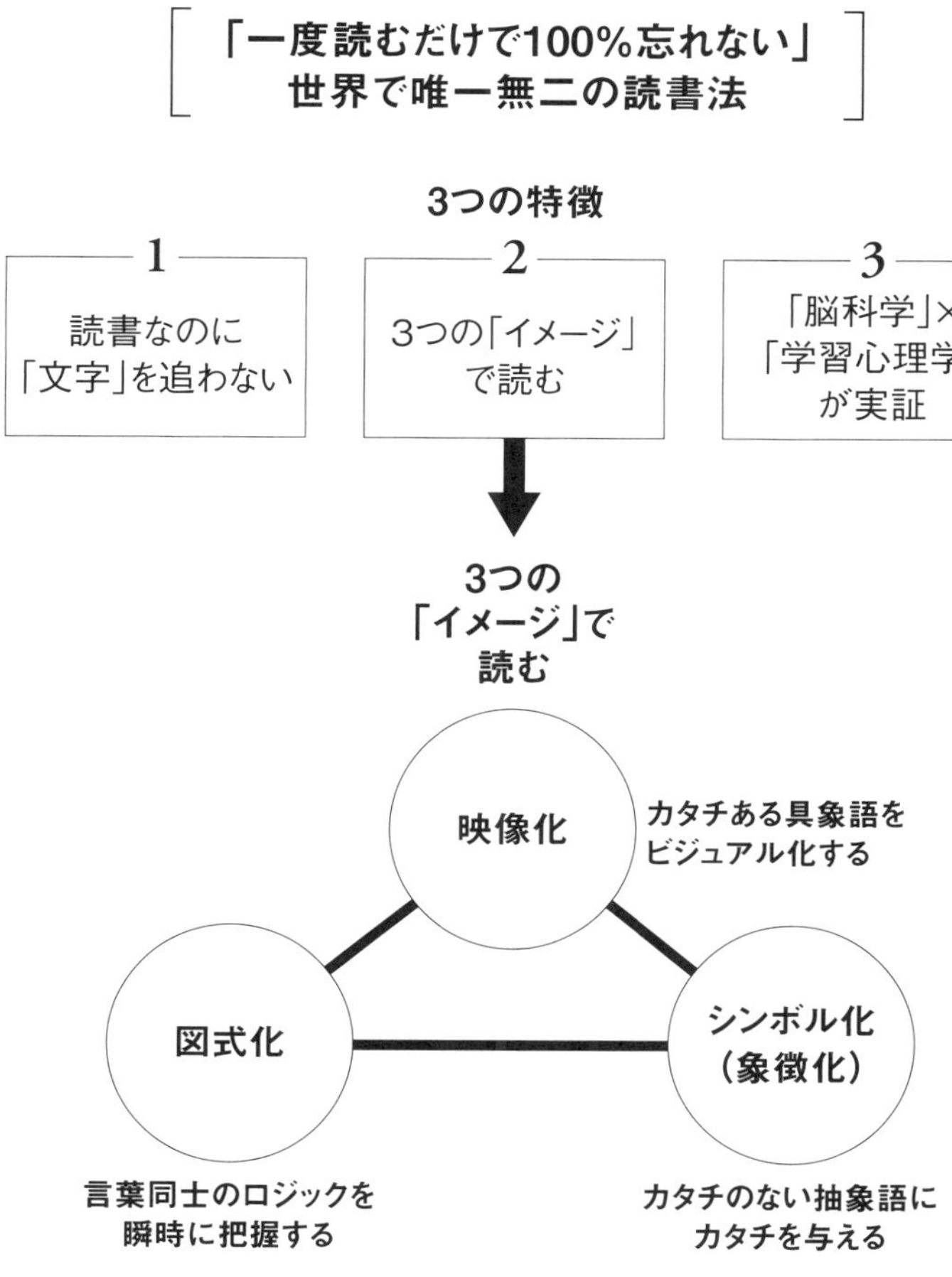

**が実現できることに強くこだわりました。**

従来の読書法には、読んだ内容をノートに書き出す、ＳＮＳに投稿する、本の紙面に内容をペンで書きなぐるなど、「アウトプット」するものもあるようです。確かに、アウトプットは記憶の観点からすると理にかなっていますが、何より問題は「面倒で続かない」という点です。続かなければ何も意味はありません。

また、中には「一冊の本を何回も読む」読書法もあるようです。しかし、先ほどのアウトプットする読書法にせよ、この何度も読む読書法にせよ、現に世の中にはそんな面倒なことをしなくても、「一度読むだけで忘れない」博識がいるわけです。先ほどもお伝えしたように、その人たちとあなたとは脳の使い方がほんのちょっと違うだけです。その人たちにできて、皆さんにできないはずがありません。

だからこそ、イメージドリブン読書は、本を読むときの脳の「インプット」の機能を最大化することによって、**読んだ内容をアウトプットしたり、何度も読んだりするような面倒なことはしなくても、「一度読むだけで１００％忘れない」ことに特化している**のです。

さらにこのイメージドリブン読書は内容を覚えることにとどまりません。脳のパフォーマンスが４００％もＵＰするということは、あらゆる副次的効果を生み出します。

・読書スピードまでもが160％UPする
・頭の回転5倍増しで1日が27時間になる
・24時間365日　集中力MAXフルスロットルになる
・今話題の非認知能力が爆上がりし、人間関係が思い通りになる
・死ぬほどアイデアが止まらなくなる
・脳機能が40歳若返り、物忘れ0になる
・コミュニケーション能力が劇的に高まる
・応用可能なアウトプットができるようになる
・抽象的な思考が得意になり、いわゆる「頭のいい人」になる

要するに皆さんの人生をも変えてしまう可能性を秘めた読書法というわけです。

本書が読書を通じて一人でも多くの方の人生のステージアップに貢献できるならば著者としてこれ以上の喜びはありません。

さあ、それでは早速これから一緒に新たな一歩を踏み出しましょう。

CONTENTS

はじめに……003
人類古来に立ち返り、脳の記憶力が400％UPする！……005
これまでの読書法では覚えられなかった本当の理由……007
「イメージドリブン読書」は、人生までも変える〝神レベル〟の読書法……008

# 第1章 なぜ読んでも忘れてしまうのか？——99％の人がやっている脳に嫌われる読書

古来より脳は「文字」が嫌い……024
記憶の研究の結果、文字を追う読書は分が悪いようです……026
文字は人類が後から発明したもの。脳は当然対応できない……028
残念ながら、脳に文字を与えても4時間で50％吐き出してしまいます……030

**人類本来の脳を取り戻す読書＝「イメージ」で読む** …… 032
本好きの博識の脳は人類古来の脳に近しく、それは後天的に習得できる …… 032
「原点回帰＝本をイメージでインプット」する3大メリット …… 035
**ただし、イメージは3つに分けないとポテンシャルが引き出せない** …… 040
従来の右脳系読書で失敗したのは「イメージ＝映像」と考えたから …… 040
「一生忘れない」を実現する脳の〝スキーマ〟とは？ …… 043
〝スキーマ〟は3つのイメージを主食としている …… 048
［キーコンセプト①］映像 …… 049
［キーコンセプト②］シンボル …… 050
［キーコンセプト③］図式 …… 051

# 第2章 一度読むだけで100%忘れない「イメージドリブン読書法」とは？

**「脳科学×学習心理学」が認める！ 3つのイメージで読む超・画期的な読書法** …… 054

［ココが画期的！①］これまでの速読系・右脳系読書とは全くの別物……054
［ココが画期的！②］読んだ内容をアウトプット？ そんな面倒なことなしで覚えられます……056
［ココが画期的！③］同じ本を何回も読む必要なし。「一度」で二度と忘れない！……058
［ココが画期的！④］イメージ化が苦手な〝読書嫌い〟でも簡単にできる！……061

**［キーコンセプト①］映像化——映像記憶は文字の650％強く残る**……064
とはいえ、映像化は「忘れない読書」の基本……064
映像はたった1秒で脳に届くから、最強のインパクトを生む……065

**［キーコンセプト②］シンボル化——カタチない言葉にカタチを与える**……068
「愛」「自由」「夢」「平和」。いわゆる抽象語にカタチを与える……068
「頭のいい人」とは結局、「具体⇔抽象」ができる人……070

**［キーコンセプト③］図式化——言葉同士のロジックを瞬時に把握する**……072
博識は本を読みながら、頭の中で図を描いている……072
図にできれば、記憶は100倍増しになる……074

**人生までも変えてしまう9つの「神・効果」**……076
［神・効果①］読書スピードまでもが160％UP……076
［神・効果②］頭の回転が爆速になり、1日が27時間に……078

［神・効果③］24時間365日 集中力MAXフルスロットルになる …… 080
［神・効果④］いま大ブームの非認知能力が爆上がり！ …… 082
［神・効果⑤］死ぬほどアイデアがあふれ出てくる …… 084
［神・効果⑥］脳年齢が40歳以上若返り、物忘れ0になる …… 086
［神・効果⑦］いわゆる「頭のいい人」になれる …… 088
［神・効果⑧］コミュニケーション能力が劇的に高まる …… 090
［神・効果⑨］仕事に勉強に人生に。応用可能なアウトプットができる …… 091

## 第3章 イメージドリブン読書 〝見るだけ〟トレーニング①［映像化］

具象イメージ化トレーニングPart1 …… 095
具象イメージ化トレーニングPart2 …… 100
イメージ創造トレーニングPart1 …… 105
イメージ創造トレーニングPart2 …… 115

## 第4章

# イメージドリブン読書〝見るだけ〟トレーニング②［シンボル化］

抽象イメージ化トレーニング …… 127
抽象イメージ創造トレーニング …… 137
文章イメージ化トレーニング …… 147

## 第5章

# イメージドリブン読書〝見るだけ〟トレーニング③［図式化］

関係性イメージ化トレーニングPart1 …… 159
関係性イメージ化トレーニングPart2 …… 164
関係性イメージ化トレーニングPart3 …… 170

関係性イメージ化トレーニングPart4……180

# 第6章 イメージドリブン読書［実践編］

［実践編①］妄想ドリブン読み――自分の理想の姿にココロ躍らせながら読む……193
アタマを冴えわたらせる「カクテルパーティー効果」とは何か？……193
脳を「誘導ミサイル」にしてしまう……195
［実践編②］寝る前2時間ゴールデンタイム読み――10倍記憶にしみ込む時間帯がある……197
脳のパフォーマンスUPのヒントは、原始時代にある……197
読書にいい時間は、AM、夕食前、就寝前……199
［実践編③］ギリシャの哲人読み――3000年前の知の巨人の知恵を借りて読む……202
パルテノン神殿の意外な使い道……202
「忘れない読書」のコツは古代ギリシャに学べ……205
［実践編④］Zipファイル読み――情報をまとめれば、忘れない&いつでも取り出せる……207

14の情報も2つにまとめてしまえば簡単に覚えられる……207
各章をイメージでまとめて読む……208
［実践編⑤］**地中海 空想トラベル読み――ローズマリーの香りが記憶を170%UP！**……211
アロマの知られざるパワーが次々と明らかに！……211
やっぱり環境を整えるのが最強のソリューションでした……213
［実践編⑥］**フライング読み――先に全体像を把握してから読む**……216
脳は節約家だが、全体像を見せると途端に大食らいになる……216
100m走では反則だが、読書でフライングは超絶パワーを生む……217
［実践編⑦］**集中力じらし読み――あえて中途半端なページで強制中断する**……221
「フロー状態」に入るためのショートカットの存在が明らかに!?……221
「ザイガルニック効果」が〝読書嫌い〟を〝無類の読書好き〟に変えてしまう……224
［実践編⑧］**「If…」仮定法読み――脳に〝条件付け〟というエネルギーを与える**……226
意志力は残念ながら当てになりません……226
50分の1ページずつ読む、一生読書が習慣化する方法……229
［実践編⑨］**ほったらかし読み――内容が効率的に血肉になる〝あえて何もしない〟読書法**……231
「何もしない」は意外と重要……231

本の内容を忘れないだけでなく、応用できる……233
［実践編⑩］超・短期凝縮読み——たった3冊でその道の有識者になる……236
まずは脳に骨組みを与える……236
神速でその道の知識が手に入る……239


# 第7章 イメージドリブン読書で人生すべてが思い通り！

［最高の人生①］読書スピードまで速くなり、読書時間が40％短くなる！……242
速読チャンピオンの本の感想：「とても楽しかった」……242
「忘れない読書」を目指した方が、結果、「速くて忘れない」が実現できる……245
［最高の人生②］頭の回転150％増しで、毎日「自分だけの3時間」ができる……247
結局、ワーキングメモリがすべてを解決する……247
イメージドリブン読書はワーキングメモリを劇的に高める……251
［最高の人生③］いつでも〝フロー状態〟に入れるようになる……252

記憶力と集中力は実は「=」の関係……252
〝フロー状態〟を作り出す「記憶の宮殿」……254
**［最高の人生④］EQが劇的に高まり、人間関係が思い通りに……257**
人生の成功・幸せを決定づけるのは認知能力よりも非認知能力……257
イチローが結果を出すために「イメージドリブン」でいた理由……260
**［最高の人生⑤］アイデアがあふれて止まらなくなる……262**
イメージドリブン読書でアイデア体質になる3つの理由……262
関連性がない情報同士の組み合わせが無意識にできるようになる……266
**［最高の人生⑥］好奇心サイクルでスーパーブレインに……267**
65歳なのに脳機能は20代。「スーパーエイジャー」たちは何が違うか？……267
いつまでも感受性豊かになり、脳が衰えない……269
**［最高の人生⑦］勉強、仕事、スポーツ……。すべてに効くスゴイ能力が身につく……271**
実は人生を左右する意外な能力：空間認識能力……271
頭がいい人は結局、空間認識能力が高い人でした……273
**［最高の人生⑧］スティーブ・ジョブズばりに伝え方がうまくなる……276**
プレゼンが下手なのは「文字」で考えているから……276

うまい講演家は相手の頭にイメージを浮かばせる …… 279

**［最高の人生⑨］応用可能なアウトプットができる** …… 281

アウトプットとインプットの間のプロセスが重要 …… 281

1つの情報から2倍以上の価値を生む抽象化思考 …… 283

**参考図書** …… 287

# 第1章

# なぜ読んでも忘れてしまうのか?

## ——99%の人がやっている脳に嫌われる読書

# 古来より脳は「文字」が嫌い

「じっくり読んだのに、本の内容をほとんど覚えていない」

「本の内容を人に聞かれても、説明すらできない」

「忘れてしまうから、仕事に勉強に活かせている気がしない」

「なぜあの人は本の隅から隅まで覚えているんだろう？」


本を読む目的は千差万別です。楽しむためのエンタメ系から研究用の参考資料としての利用までそれぞれの立場で目的はさまざまです。

そのため本の読み方も数多く存在します。どんな本を読もうがどんな読み方をしようがそれは個人の自由です。

しかしながら本書を手に取っていただいた皆さんに共通するのは、もっと本の内容を覚えることができたら今置かれている自分のステージを1段押し上げることができるかもしれないという思いなのではないでしょうか。

断言します。**正しい記憶のメカニズムに沿えば、その思いは間違いなくかないます。**

世の中にはスピードを求めたり、重要ポイントをピックアップするテクニックだったり、数多くの読書法がありますが、本書で紹介するイメージドリブン読書は内容を覚えるというところを第一優先に置いており、「インプット」に究極に特化した読書法だからです。

しかし、このイメージドリブン読書を習得いただくためには、まず皆さんがお持ちの**読書に関する2つの誤解**を解かなければなりません。

1つ目は、「文字を追う読書は間違っている」ということ。

2つ目は、「イメージで読むといっても、「映像」だけでなく、「シンボル」と「図式」を合わせた3つのイメージで読むことが記憶のメカニズムに沿っている」ということです。

本章ではこの2つの誤解について解説していきます。まずは、1つ目の誤解について説明していきましょう。

## 記憶の研究の結果、文字を追う読書は分が悪いようです

「はじめに」でもお伝えしたように、私は、40代から参加した記憶力日本選手権大会において初参加の2013年から2019年まで6連続で優勝することができました。

しかしながら最初から記憶力が良かったというわけではなく、たまたま記憶術というものに出会ったことがきっかけで記憶の世界に関わるようになったのです。もともと理数系の人間だったのでどちらかというと、いわゆる左脳系、つまり論理や言語に関する処理の方が得意なタイプでした。

要はその時点まで「記憶」というものにほとんど興味がなく、自分の記憶力にも全く関心のない人生を送ってきました。

しかし記憶競技に出会ったことにより大会で勝つため、それはすなわち大量の記憶ができるようになるため、そこから記憶の研究を始めたというわけです。そして最初に分かったのが脳は文字や文章を記憶するのが苦手だということでした。

例えば、

「富士山の山頂までの高さは3776メートルである」
「太陽系の惑星の並びは水星・金星・地球・火星・木星・土星・天王星・海王星である」
「水は水素と酸素でできている」

というような文章による知識や情報の記憶のことを**「意味記憶」**というのですが、脳は意味記憶が非常に苦手なのです。

そう言われると皆さんも経験はありませんか。

本を読んでいるといつの間にか別のことを考えていて、結局、この数ページは何を言っていたんだっけ？　数ページ戻って再度読み返すけど、また頭には何を言っていたのか残っていない……。

「はじめに」の冒頭の例などはまさに脳が「意味記憶」を嫌うことの表れだったのです。

ではなぜ脳は文字を覚えるのが苦手なのでしょうか。当時の私は不思議に思い、記憶の研究を重ねました。

すると、**「人類古来の脳」と「現代の文明」のミスマッチ**という原因に行きつきました。

## 文字は人類が後から発明したもの。脳は当然対応できない

アメリカ・ハーバード大学の人類進化生物学者ダニエル・E・リーバーマン教授は、著書『人体600万年史』の中で**「進化的ミスマッチ仮説」**という説を述べています。

進化的ミスマッチとは、私たち人類が**「良い方向に進化することで、逆に悪い結果を得る」**ということです。

人類が類人猿と分岐したのが600万年前、400万年前にはアウストラロピテクスが、250万年前にはホモ属が登場して地球上の各地に散らばり、さらにずっと後の20万年前にようやく、我々の種であるホモ・サピエンス（現生人類）が出現しました。この長い長い進化の時間に、自然選択の作用を受けて、我々の身体の基本的なメカニズムが形作られてきました。

それに比べると私たちが文明を進化させてきた歴史などたかだかここ1万年であり、ちっぽけなものです。しかし、ダニエル・E・リーバーマン教授は同書の中で、ここ1万年の間に起きた文明の進化、特に狩猟採集から農耕へと移行し、食が大きく変わったことが

現代のさまざまな体の問題を引き起こしていると指摘しています。

これは当然、脳についても同じです。**皆さんの脳に組み込まれた基本のメカニズムは古来より引き継がれ、ほとんど変わってはいません。**

一方で、人類が文字を発明した歴史を見ていくと、人類史上で初めての「文字」の起源だと考えられているのは、紀元前3200年頃の西アジアのシュメール人の都市ウルクで使い始められた絵文字だといわれています。

その後を追うように、紀元前3000年頃にメソポタミア文明のくさび形文字、エジプトのヒエログリフ（象形文字）などの文字体系が発展していきました。

つまり、現代の私たちの属するホモ・サピエンスの誕生でさえ20万年前、一方で人類が文字を発明したのはそのずっとのちの5000年前です。人類史が始まってから99％は文字などというものはなかったのです。

勘違いしていただきたくないのは文字の発明が人類の発展に全く無関係だったといっているわけではありません。ポイントは文字が発明された経緯です。文字とはすでに存在していた言語、その言語の「記録」が主な目的で発明されたのです。

**当然、「文字」を認知する機能は、初めから脳に組み込まれているものではありません**

ので、インプットのツールとして使うためには、そこから新たに学習する必要があったわけです。脳が文字を嫌うのは至極当たり前のことなのです。

## 残念ながら、脳に文字を与えても4時間で50％吐き出してしまいます

そのため、節約家である脳は文字に対する優先順位を下に置きます。

体全体に占める脳の重さは体重の約2％にすぎません。しかし脳が消費するエネルギーは体全体のエネルギーの約25％、つまりおよそ4分の1にも及ぶのです。

何かを覚えるという作業は脳にとって、とてもエネルギーを要する仕事なのです。ただでさえ大量のエネルギーを消費するところにもってきて、さらに働かされたら脳にとってはたまったものではありません。

脳研究者の池谷裕二氏によると外からの情報、例えば目に見えるもの、聞こえるもの、香り、手触り等々、それらを漏れなく脳が記憶していくとしたら5分以内に限界になると著書の中で紹介しています。

そんなわけで脳はできるだけ、ものを覚えないようにしているのです。要するに脳は省エネ思考でできているというわけです。

そこで、脳はよりエネルギーを要する「文字」の吸収をとにかく嫌がるのです。

そうはいっても文字や文章を全く覚えられないことは当然ながらありません。仮にそのままの形で覚えたとしたらその記憶はその後どうなってしまうのでしょうか。このことを実験で確かめた研究者がいます。

ドイツの心理学者であるヘルマン・エビングハウス博士は単語を覚えたときどのくらいの速さで忘れていくかを調べました。

すると、仮に10個の単語を何の工夫もせずそのまま丸暗記したとしたら、覚えてから4時間後には半分の5個程度、つまり覚えたものの50％は思い出せないということだそうです。

こんな結果からも文字や文章の形で記憶を保つことがいかに難しいかが分かります。

# 人類本来の脳を取り戻す読書＝「イメージ」で読む

## 本好きの博識の脳は人類古来の脳に近しく、それは後天的に習得できる

文章を追う読書が内容を覚えることに向いていないのであれば、どんな読書をすれば内容を忘れずに覚えておけるのでしょうか。

実際に世の中には大量の本を読み、しかもその内容を忘れずにいつでも取り出せる膨大な知識を頭の中に保管している人物がいます。そういう人たちに何か質問をすると、まるで見てきたかのように本から得た知識の中から適切な情報を提供してくれます。

**今「まるで見てきたかのように」と言いましたが、ここに1つ目のヒントがあります。**

つまり、人類の脳に適した読書は、「イメージ」で読む読書です。

人類はつい最近に文字を発明するまでの間、どのように世界を捉えていたか。それはすべてイメージでした。視覚で見たイメージ情報をイメージのまま保存し、イメージのまま思考していました。

南アフリカで生まれて世界各地に広がった言語的人類は、なんと6万年以上もの間、文字を持たずに過ごしていました。つまり文字はヒトが生きていく上で必需品ではなかったということです。

アフリカのサン族の洞窟絵画には、動物を線画のように単純化したものもありますが、文字には発展しませんでした。ヨーロッパのラスコー壁画も、文字を生み出してはいません。要するに人類というのは文字が嫌いでイメージが好きということを物語っています。

これを引き継いでいる現代人の脳も当然、イメージが好きというわけです。

例えば何も習わなくても自然と皆さんのお家の玄関のドアや扉の色や形はすぐ思い浮かべることができるはずです。

今頭の中に国会議事堂を思い浮かべてくださいと言われたとしたら「国会議事堂」という文字を浮かべる人はまずいないでしょう。あのニュースや新聞などでよく見る国会議事堂の姿が浮かぶはずです。

また、子供の頃の思い出などは、何十年もたった今でもありありと頭の中に思い浮かべられるはずです。

記憶の専門用語で言えば、文字や文章による「意味記憶」に対して、このようなイメージによる記憶を**「エピソード記憶」**といいます。このようにエピソード記憶というのは脳で行われる思考ととても親和性が高く、もはや**覚えようとしなくても覚えていられる**類いの記憶なのです。

**つまり、先ほどの博識の人たちというのは、意図はしていないにせよ、何かしらのきっかけにより、「人類古来の脳を取り戻す」ことで、イメージを中心とした思考で、「忘れない読書」が実現できているのです。**

それでは、そんな博識の人と同じような脳の使い方を後天的に習得することはできないのではないか。いえ、私はそれを真っ向から否定します。

もともと本の4分の1程度しか覚えられなかった私でさえ、100%覚えられるようになったのです。しかもそれは本当にちょっとした脳の使い方の違いでした。

本書では、誰でも「人類古来の脳＝イメージドリブン脳」に回帰できるトレーニングを用意しております。このトレーニングを終えた後には、本を読むときの体験が全く違うことに、最初は戸惑いさえ覚えるほど変わるでしょう。

## 「原点回帰＝本をイメージでインプット」する3大メリット

### ❶脳にインパクトを与えて、「一度」のインプットで忘れなくなる

脳の性質として、最初にその情報に接した際にインパクトのある情報は強く記憶に残るということがあります。その点からも文字情報は脳にとってインパクトに欠けるところがあるのでしょう。

しかしこれが古来から脳機能が優先してきた「イメージ」となると話は違ってくるのです。

原始の人類にとって一番の脅威は「生命の危機」でした。つまり生命に関わる情報が脳にとって一番のインパクトであったのです。その生命に関わる情報のほとんどは視覚による映像の姿でインプットされます。つまり生命の危機を回避するために脳にとって一番インパクトがあり、その結果、強く記憶に残せる情報になり得るのはイメージだったというわけです。

その脳の性質が現代社会の我々にも脈々と受け継がれているのです。**イメージは文字と比べて6万倍速く脳に伝達されるというのにはそんな理由があるのです。そんなわけでイ**

**メージというものは脳に与えるファーストインパクトがとても強いのです。**

インパクトとは脳への刺激。イメージからの刺激は良い意味でも悪い意味でも強く感情を揺さぶります。

その中にはもちろん楽しい、面白い、というものも含んでいて、だからこそ簡単に刺激を味わえる漫画や映画やテレビドラマなどの娯楽がこれだけの人気を集めるのでしょう。

本を読むときもこの原理を利用しない手はありません。イメージを利用し本の情報のファーストインパクトを強烈にすることによって、一冊の本を何度も読まなくても「一回読むだけで」いつまでも忘れない情報として頭に保管しておけるのです。

## ❷情報量を500分の1に圧縮し、本の内容が100%頭に入る

イメージにすることで本の内容の情報量を圧縮することができます。要するに文字情報をイメージ化するということは、真空にして容積を減らして収納を楽にできる布団圧縮袋のようなものなのです。

情報を圧縮する方法を**チャンキング**といいます。チャンクとは「かたまり」のことです。

このチャンキングの考え方を読書にも応用できればかなり覚える負担が減ることになり

ます。そのために必要なのがイメージなのです。

例えば携帯電話の番号なども一個一個の別々の数字として見ると、11個の数字の情報ですが、これを3つのかたまり、◯◯◯－△△△△－□□□□として認識しているので皆さんもよく使う番号を覚えておけるのです。

他には、体の健康のためのバランスの良い食材の覚え方「まごわやさしい」や和食の基本調味料の覚え方「さしすせそ」なども情報を圧縮したチャンキングの例です。

**まごわやさしい**

「ま」・・・豆類「ご」・・・ゴマ「わ」・・・わかめ（海藻類）「や」・・・野菜

「さ」・・・魚「し」・・・しいたけ（キノコ類）「い」・・・イモ類

**さしすせそ**

「さ」・・・砂糖「し」・・・塩「す」・・・酢「せ」・・・醤油（せうゆ）

「そ」・・・味噌（みそ）

例えばこういうふうに考えることもできます。平均的な実用書一冊に使われている文字数は約10万文字。そしてページ数は約200ページです。文字数だけ見ると10万個の情報量です。

しかし仮に1ページの内容を一つのイメージに変換することができたとしたら、ページ数は200なので、情報量は200個に圧縮できるということになります。10万から200。実に500分の1の圧縮率です。だからこそ、本書のイメージドリブン読書は本の内容を100％覚えることができるのです。

## ❸1秒で取り出し可能。必要なときにいつでもアウトプットできる

本書にたびたび登場する「意味記憶」。これは文章による知識・情報の記憶のことですがこの記憶の性質として、たとえ頭の中に入っていたとしてもその情報を取り出しにくいというのがあります。何かのきっかけがなければ、自由に取り出すことができないというマイナス面があるのです。

その一方、本の内容をイメージの形で「エピソード記憶」として頭の中に入れた情報は自由自在にそれこそ1秒もかからず取り出すことができるのです。

本節の冒頭で読書から得た大量の知識を頭の中に蓄えている博識の人がいると書きましたが、博識であるということはその大量の情報をすぐに取り出すことができるということ

を意味します。

一概に「記憶」といいますが、心理学的には定義が決まっています。一般的には記憶というと覚えることがメインに思われがちですが、記憶の定義としては、

**「記銘」（覚えること）→「保持」（覚えておくこと）→「想起」（思い出すこと）**

この3つの段階がすべてそろって初めて記憶として定義されるのです。

つまり何かを覚えたとしても、それを思い出せなかったら、それは記憶したことにはならないのです。

となれば先ほどの博識の人は大量の情報を覚えて、それを頭の中に保持しており、さらにそれをいつでも取り出すことができる人とも言えるのです。たとえ頭の中には入っていても、取り出すことが困難であればそれは「使える」記憶とは言えません。

自由自在に取り出すことができるので、仕事をはじめさまざまな場面で使える情報として活用することができます。

# ただし、イメージは3つに分けないとポテンシャルが引き出せない

## 従来の右脳系読書で失敗したのは「イメージ=映像」と考えたから

ここまでで、1つ目の誤解「文字を追う読書は間違っている」ことは理解いただけたかと思います。文字ではなくイメージを使用した読書にすることで、脳本来の力を発揮するのです。

しかし、読者の皆さんの中には右脳を使ったイメージによる読書って今までにも聞いたことがあると感じた方がいるかもしれません。

その疑問に答えるのが、先ほどお伝えした2つ目の誤解です。2つ目の誤解とは「イメージで読むといっても、『映像』だけでなく、『シンボル』と『図式』を合わせた3つのイメージで読むことが記憶のメカニズムに沿っている」ということでした。ここでは、この

2つ目の誤解について説明していきましょう。

「はじめに」でも説明したように従来の右脳系読書でいう「イメージ」は「映像」のみを意味します。例えば、「PC」「机」「オフィス」「電車」などカタチのある言葉（具象語）が出てくれば、それぞれのカタチを「映像」にして頭に焼き付けることで覚えることができました。

しかし、**本の中に出てくる言葉は、カタチのある具象語ばかりではありません。**「愛」「自由」「夢」「平和」。こういったカタチのない抽象語がたくさん出てきます。「愛」であれば「母親」、「自由」であれば「自由の女神像」など、このようなときにはそれぞれを象徴する何かカタチある具象語に置き換える（象徴＝シンボル化）必要があります。

これまでの右脳系の読書で皆さんがうまくいかなかった1つ目の理由はここにあります。**従来の右脳系読書を学び実践してきた方は気づいているにせよ、気づいていないにせよ、本にたびたび登場する抽象語の処理ができないため、結局頭には具象語しか残りません。**

当然、本の内容というのは具象語と抽象語の組み合わせの中で成り立っていますから、具象語だけが頭に残り、抽象語がすっぽり抜け落ちてしまうと、断片的にしか覚えておらず、その結果すぐに忘れてしまうのです。

本の内容を100%覚えていようと思ったら、具象語と抽象語の両方を頭の中に焼き付け、それぞれがネットワークのようにつながった状態にする必要があります。

これまでの右脳系の読書で皆さんがうまくいかなかった2つ目の理由は、このネットワークと関連しています。今もお伝えしたように、忘れない読書を実現するためには、具象語のみならず、抽象語もイメージ化する必要がありますが、本はそれら具象語や抽象語がそれぞれ単体で成り立っているのではなく、それぞれの間には因果関係や大小関係などの「関係性」が必ずあります。**このような関係性を「図式」として把握する必要があるのです。**

例えば、本を読んでいるときに、第1章は本のテーマについて問題提起をしている。第2章はそれを解決するためのコンセプトを伝えている。第3章は具体的な解決策のメソッドを紹介しているなど、各章ごとに論理展開があります。

また、章単位でなくても、本の中の一文にAという主張があり、次の文でその根拠となるBという話があったら、頭の中で「BだからA」という論理が分かっていないと、その箇所は頭に残ることはありません。

**つまり、具象語を「映像化」した上で、さらにカタチのない抽象語も「象徴化（シンボル化）」し、その上で具象語と抽象語を「図式化」してつなげてこそ、本の内容すべてを頭に入れられたことになります。**

この3つのイメージを頭に入れることで、脳にインプットする際のファーストインパクトがさらに強力になり、脳のポテンシャルを最大限引き出した読書が実現できるのです。

## 「一生忘れない」を実現する脳の〝スキーマ〟とは？

今、「本の中に抽象語や関係性が出てくるから、それらに対処できる必要がある」と説明しました。

これは実は、逆から考えても正しいことが分かっています。逆とはつまり、出てくるから対処が必要というだけでなく、**そもそもの脳のメカニズム自体がこの3つのイメージを優先的に吸収するようにできているということです。**

そのメカニズムとは何か。頭の中には〝スキーマ〟と呼ばれるものがあり、**「一生忘れない読書」を実現するキーとなる役割を持っているのですが、この〝スキーマ〟が実は「映像」「シンボル」「図式」の3つのイメージが大好きなのです。**

まずは「スキーマ」とは何かを説明します。聞きなじみのない言葉かもしれませんが、誰でもこれを頭の中に持っています。

左の図を見てください。スキーマとは心理学用語で、**「カテゴリーごとに知識が整理された頭の中のファイル」**のようなものと思ってください。

例えば「色は白と黒、丸々としていて可愛く、もともとは竹林に生息していて竹が主食。そして日本の動物園でも人気者の動物は何ですか？」と聞かれたらほとんどの人は「パンダ」と分かるでしょう。

すぐパンダと答えられたのは、質問の中の情報がすでに知識として頭の中の「パンダスキーマ」のファイルに入っているパンダの情報と適合したからです。その情報とは過去の何らかの経験から得た知識で構成された情報群です。

質問の中に含まれていた条件に該当するものを脳が検索、照合した結果、パンダという情報を形成している「パンダスキーマ」が適合したため、パンダという答えを導くことができたというわけです。

もちろんパンダ以外にも人はさまざまなスキーマを頭の中に持っています。

## 「スキーマ」とは？

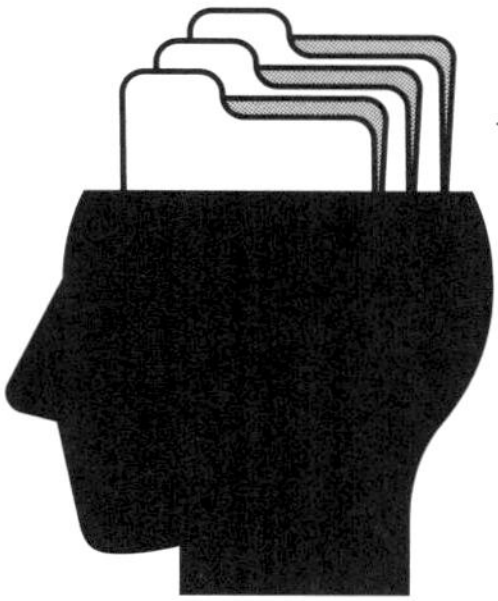

**スキーマ**

＝

カテゴリーごとに
知識を整理している
頭の中のファイル

**「パンダスキーマ」のファイルを取り出して見てみると……**

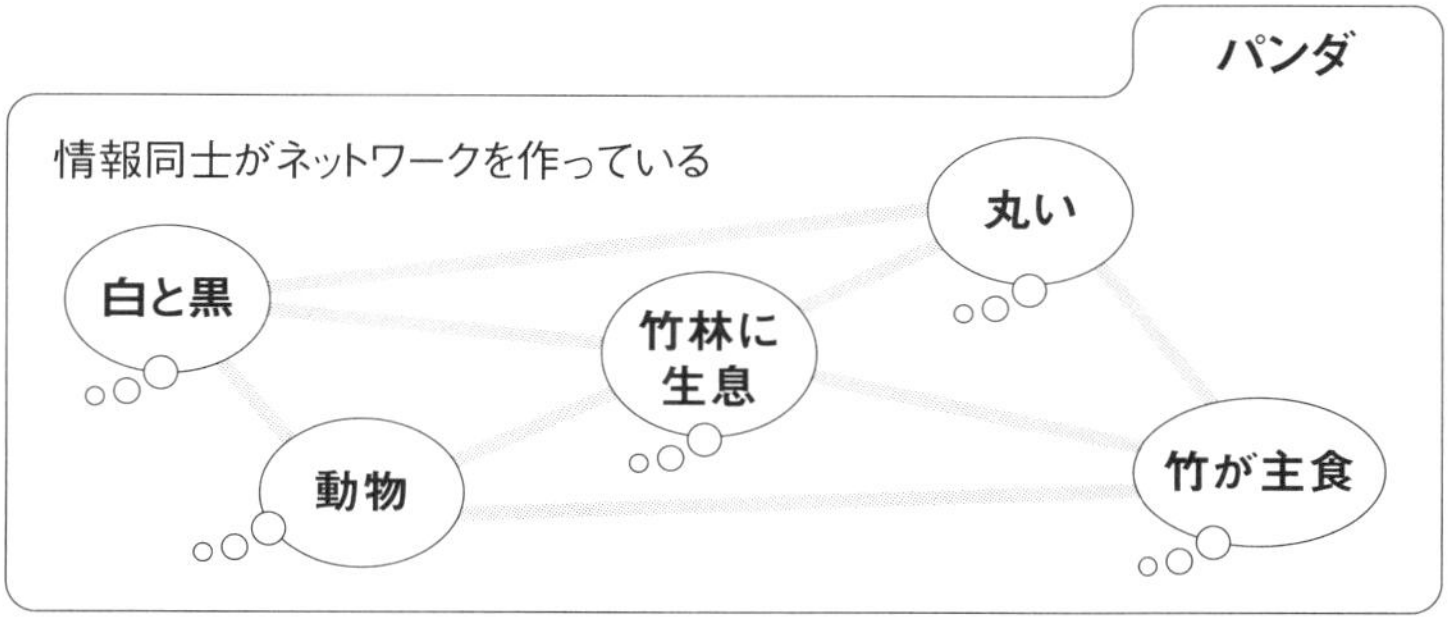


情報が有機的につながっているから
一度スキーマに入った知識は二度と忘れることはない

**本で読んだ内容をスキーマに入れ込めてしまえば、**
**一度読むだけで100%忘れない！**

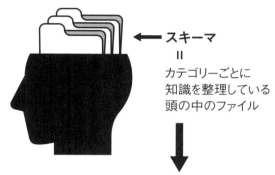

例えば「パソコンスキーマ」。長年パソコンを使っている人が新しくパソコンを買い替えたとします。今まで使っていたパソコンはウィンドウズＯＳだったのですが、買い替えたパソコンはＭａｃ ＯＳのものでした。

しかしどうでしょうか。新しいパソコンになり、ＯＳが変わったりしたからといって使い方が全く分からなくなるようなことはあり得ません。

それは今まで使っていたパソコンの操作によって身につけた「パソコンスキーマ」が頭の中にあるからです。そのスキーマを活用することによって画面のデザインが変わったり多少の操作法の違いが生じたりしたとしてもすぐに順応することができるというわけです。

逆に今まで一度も使ったことがない人がパソコンを使おうとした場合、それこそ電源の入れ方さえ難しいでしょう。それはその人に「パソコンスキーマ」が備わっていないからとも言えます。

このように知性や思考の枠組みであるスキーマがあることによって、予測や推測ができたりするのです。

当然ながら本を読むときにもこのスキーマは重要な役割を果たしています。例えば一度あるスキーマが頭の中にできてしまえば、それと似た構造のスキーマを持つものに対して理解が早くなるという特性ももっています。

仮に新しくヨーロッパの国の言葉を勉強するとした場合、すでに「英語スキーマ」を持っている人と、英語を話さない人とで比べたら、比較的文法構造が似ている英語のスキーマを持っている人の方が断然習得は早くなります。

本から得た知識をすでにできているスキーマと照合して、適合した場合その知識はそのスキーマの中に取り込まれることになります。

先ほど例として「パンダスキーマ」と「パソコンスキーマ」を紹介しましたが、想像してみてください。

これらの**スキーマは一生頭の中に存在しているとは思いませんか？**　スキーマとは各情報同士が結びついてできている情報ネットワークです。そのため、それぞれの情報同士が助け合って一生覚えていられる記憶を形成しているというわけです。

本書の目的はそこにあります。**本の内容をこのスキーマの中に取り込むことができれば、その知識は10年といわず、もしかすると一生覚えておくことができ、しかも自分の人生に活かすことができる「使える記憶」にすることができるというわけです。**

## 〝スキーマ〟は3つのイメージを主食としている

先ほどの図の「パンダスキーマ」のファイル内の情報では、皆さんに理解いただくための便宜上、文字を書いていましたが実際は、**このスキーマは文字や文章の形で保管されてはいません。イメージの形で頭の中に保管されています。**

文字や文章を追う読書をおすすめしない理由はここにあります。つまり文章の形で知識を入れようとした場合、このイメージで構成されているスキーマとの照合作業が非常に難しいのです。

その結果その情報をスキーマのネットワークの中に取り込むことも困難になるのです。イメージで作られているデータベースにはイメージの形で照合するのが一番効率よく、しかも適合した場合にはすぐにスキーマの中に取り込むことができるというわけです。そしてスキーマに取り込まれた情報は一生使える記憶となるのです。

前に本書のイメージ読書は既存の「右脳的読書」とは違うと言いました。

その大きな違いは本書の読書法は単に映像化することを目的にしているのではなく先ほ

どまで説明してきたスキーマに情報を取り込むことを目的にしているところです。

本の内容をスキーマに取り込むためには、スキーマを構成しているものたちと同じ形のイメージを作ってそれで照合作業を行う必要があるのです。

そして、スキーマを構成しているイメージの要素は3つあります。1つ目は「映像」、2つ目が「シンボル」、そして3つ目が「図式」です。

先ほどのパンダの例で簡単に説明します。

## ［キーコンセプト①］映像

これは字のごとく映像イメージのことで、3つのイメージの中でも基本となるイメージです。**特徴を言うと具体的に目に見えるもの。**

先ほどのパンダスキーマの例のところの質問を思い出してください。

「色は白と黒、丸々としていて可愛く、もともとは竹林に生息していて竹が主食。そして日本の動物園でも人気者の動物は何ですか？」

このスキーマの中で具体的に見えるもの、「白と黒」「竹林」「竹」「動物園」などがこれに当たります。その言葉を見てすぐに映像を浮かべることができる言葉です。

文章であれば読んだそのままの流れが自然に頭の中に映像として浮かぶレベルというこ

とです。

## 「キーコンセプト②」シンボル

スキーマを構成しているイメージの2番目が抽象的な言葉や概念のイメージです。先ほどの見えるもののイメージ（映像）に対して、**目に見えないもののイメージ**と考えてください。そこでこの2つ目のイメージ化もできるようにしておく必要があるのです。

抽象的な言葉や抽象的な概念とは何か、これも先ほどのパンダスキーマで説明します。「色は白と黒、丸々としていて可愛く、もともとは竹林に生息していて竹が主食。そして日本の動物園でも人気者の動物」

この中で抽象的なものは「丸々としている」「可愛い」「人気者」「動物」といったような言葉です。これらの言葉は目で見ることはできません。つまりこの言葉は必ずこれ、といった誰もが共通して思い浮かべるイメージが存在しないものと言い換えてもいいかと思います。

当然ながら本の中に書かれている文章には具体的に目に見えるものの言葉だけが書かれているわけではなくこのような抽象的な言葉や考え方もたくさん含まれています。抽象的なものをイメージ化できなければ、その情報はスキーマの中に取り込むことはできません。

つまりスキーマの機能を十分発揮することができず、本の内容もわずかなものしか覚えることができないということになります。

できるだけ本の内容を漏れなくスキーマに取り込むためにはこの抽象的なものに対するイメージ化が必須というわけです。これをうまくイメージ化できるかできないかでイメージ読書の効果はだいぶ違ってくるはずです。

## 「キーコンセプト③」図式

そして最後の3つ目が関連性・構造のイメージ化です。

**実は前の2つのイメージ化はスキーマと照合させるための単なる土台にすぎません。照合して関係があるスキーマと適合させるためには、この3番目の関連性と構造のイメージ化（図式化）ができることが不可欠なのです。**逆にいうとこの関連性と構造のイメージ化ができて初めて前の2つのイメージ化が十分に機能することになります。

ここでもパンダスキーマを例にして説明します。

「色は白と黒、丸々としていて可愛く、もともとは竹林に生息していて竹が主食。そして日本の動物園でも人気者の動物」

この情報の中には前に説明したように「具象」と「抽象」の2種類のイメージが含まれ

ています。

しかしそれら個別の情報を単体で考えていては、たぶんいつまでたっても「パンダ」という答えにたどり着くことはできなかったと思います。パンダにたどり着けたわけはそれぞれの情報をつなぎ合わせて考えたからです。それぞれの情報の結びつきから連想するものを頭の中から検索した結果、一つの答えを導くことができたわけです。

頭の中にすでにあるスキーマ自体のネットワークも、それぞれの情報は論理的な関連性、論理的な構造で結びついています。そこで本の情報もこのネットワークの一部にするためには、本の中に書かれている内容の情報や考え方同士の論理的な結びつきの形をイメージ化してスキーマと照合する必要があるのです。

この関連性や構造のイメージ化の能力は身につけることで非常に強力な副次的効果を得ることができます。それについても第2章以降でお伝えすることにします。

次章からは、この3つのイメージ化を中心にさらに詳しく解説していきます。

# 第2章

# 一度読むだけで100%忘れない「イメージドリブン読書法」とは?

# 「脳科学×学習心理学」が認める！3つのイメージで読む超・画期的な読書法

## ［ココが画期的！①］これまでの速読系・右脳系読書とは全くの別物

読者の皆さんの中には、読書に関する本を読むのは本書が初めてだという方も、もちろんいらっしゃるでしょうが、多くの方は今までいろいろな読書術、読書法の本を読んで試してきた経験があるのではないでしょうか。

**それらの読書法と本書のイメージドリブン読書とで決定的に違うのは、イメージドリブン読書の優先順位のトップは本の内容を「覚える」ところにある点です。**

読書法で一番有名なところでは「速読」でしょうか。速読のコンセプトは確かに魅力的です。一冊の本を読み切るスピードが上がれば、理屈の上では短期間にたくさんの本を読むことができ、それにより大量の情報に接することができることになります。

しかしいくらスピードを速くできたとしても、そこに内容の理解が伴わないと本末転倒になってしまいます。読むスピードと理解がトレードオフの関係になる方法といえそうです。

他にも本のページ自体を文字のままの画像として頭に取り込むといった方法をとる読書法なども存在するようです。いわば右脳系読書術とでもいうのでしょうか。潜在意識に情報を取り込むといった仕組みだそうですが、これも習得するのはなかなか難しそうです。

いずれにしてもこれらの方法の優先順位のトップは読む「速さ」にあるように思います。


その点、イメージドリブン読書のトッププライオリティは本の内容を「覚える」ところにあります。**そのために、3つのイメージ化を軸にしているのです。**しかもただ覚えるのではなく、自身の立場や置かれている状況において実際に使える情報として覚えることが目的の最上位に来ます。


**とはいえ、これが面白いところで本書の「イメージドリブン読書法」を行うことで自動的に読書スピードも上がることになるのです。**

さまざまな速読の方法で読書に速さを求めても、それが覚えることには直接つながりませんが、覚えることを優先したイメージドリブン読書法を使うと、そのメカニズム上、自動的に読む速さが上がることになるのです。

イメージドリブン読書法は簡単に言うと本を読んでいくそばからイメージに変換して頭に取り込んでいく方法です。3つのイメージ化をしながら読んでいくことで言葉を1文字ずつ読むのではなく、かたまりとして認識できるようになってくるからです。

上達するにつれ、そのかたまりもどんどん大きくなっていきます。つまり一度に取れる情報量が増えていくということです。

1文字ずつ読んでいくのと、ある程度の文のかたまりを一度に認識していくのとでは、どちらが速く読めるかは一目瞭然です。覚えるための読書法ですが、大きなオマケとして速さも同時についてくる、とてもお得な読書法といえるのではないでしょうか。

## ［ココが画期的！②］
## 読んだ内容をアウトプット？　そんな面倒なことなしで覚えられます

ではそれならば、覚えることに特化した読書法が他にないかといえば、全くないわけではありません。皆さんの中にも、覚えるための読書法を試した方もいることかと思います。

その方法でうまくいったのであれば何も言うことはありませんが、本書を手に取っているということは、もしかすると皆さんにはその方法は合わなかったのかもしれませんね。

失礼ながら、以前の方法がうまくいかなかったとするならば、その理由は何となく想像がつきます。たぶん途中で続かなくてやめてしまったのではないですか？

「覚える」ことを優先している読書法のほぼすべてにおいて共通している考え方が、アウトプットの重視です。

読書におけるアウトプットとは、読んだ後、友人や知り合いに本の内容を説明して聞かせるとか、読書ノートを用意してそこに内容や感想などを書くとか、最近ではＳＮＳやブログなどにアップするといったところでしょうか。

もちろんそれだけのことをすれば記憶にも残るでしょう。しかし、いかんせん手間がかかります。おそらく最初の数日はやってみたものの、２週間たった頃にはもうやらなくなっていたのではないでしょうか。

それに、皆さんも人生で一度は出会ったことがあると思いますが、世の中にはアウトプットなどしなくても、**「読むだけで＝インプットだけで」覚えられる**人がいるわけです。その人たちにできることが、皆さんにできないはずがありません。

だからこそ、第１章ではそのような「読むだけで＝インプットだけで」覚えられる人の頭の中を解剖し、そのメカニズムから逆算し、インプットを最大化する３つのイメージ化を説明したわけです。

これならば、どんな人でも〝本当の意味で〟忘れない読書法を習得してもらえる。その強い意志を元にイメージドリブン読書を開発しました。

## ［ココが画期的！③］
## 同じ本を何回も読む必要なし。「一度」で二度と忘れない！

イメージドリブン読書の特徴である「インプット」の最大化。これによる恩恵は、「手間がかからない」というだけではありません。さらに、**同じ本を何度も読む必要がない**という点もインプットの最大化による恩恵です。

第1章で紹介した記憶の忘却の性質を覚えているでしょうか。文字や言葉としての記憶は100％覚えた時点から初期の段階で急激に失われていくというのをお伝えしました。

なぜそんなことが起こるのでしょう。先ほどもイメージの3大メリットのところでお伝えしたように、最初に覚えたときの脳に対するインパクトが弱かったことが原因です。脳はインパクトを受けた情報を重要だと読み取り記憶を強化してくれるのです。

アウトプット式の読書法はこの脳の性質を補う方法とも言えるでしょう。つまり最初の情報入力でのインパクト自体は弱いままなのですが、そこで記憶がほとんど消えてしまう前に復習をすることで補おうとしているのです。しかしそうはいってもやはり忘却の性質からいってピックアップできなかった情報は出ていってしまうことでしょう。

それならばそんな面倒なことをやめて**最初に情報を取り込むときにそこにインパクトを与えて最初から強くて長く残る記憶にしてしまいましょうというのがイメージドリブン読書法のコンセプト**です。

ではどうやって脳にファーストインパクトを与えるかというと、それが「情報のイメージ化」なのです。そして、もうお分かりの通り、**映像だけではファーストインパクトは足りず、「シンボル」「図式」を加えた3つのイメージ化によって、ファーストインパクトが最大化されるのです。**

例えば「デフレ」という経済用語があります。これを説明する文章の一例は次のようなものです。

『デフレとは日用品やサービスの値段（物価）が全体的に下がる現象を指します。ものに対して、貨幣の価値が上がっていく状態。デフレ下ではものが売れず不景気になります。企業の業績は悪化し、従業員の給与が減り、リストラにより失業者数は増加。すると所得が減少し、消費者は消費を控えるようになります。すると、さらに企業は抱えた在庫の処分を行うためもの価格を下げる、など悪循環が発生しやすい状態に陥ります。』

これを3つのイメージを使って次のようにイメージ化したとします。

### デフレスパイラルのイメージ

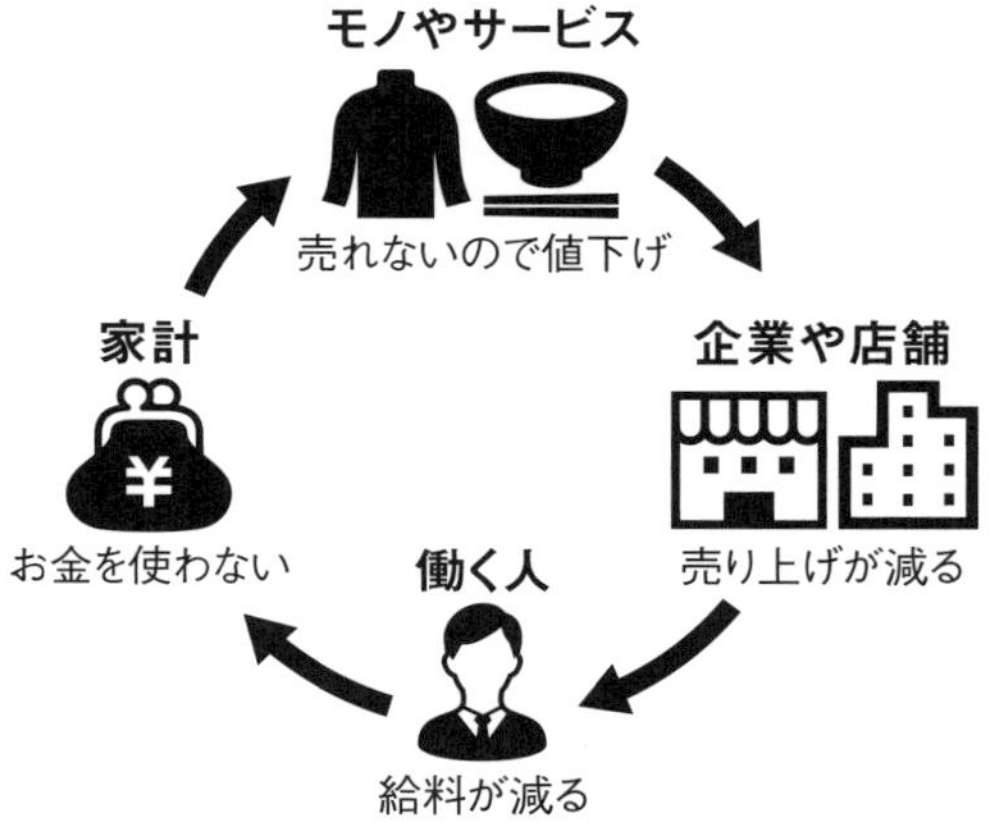


文章とイメージ、どちらが脳にとってインパクトがあるのかは一目瞭然ですね。

というイメージドリブン読書の「一度で」忘れないという特長はこのようにして実現されるのです。

［ココが画期的！④］

# イメージ化が苦手な〝読書嫌い〟でも簡単にできる！

ここまでイメージ化という話をしてきましたが、おそらく読者の皆さんの中には「いやぁ、そもそも自分はイメージ変換力が弱いんだよなぁ」という方もいると思います。そもそもイメージ変換力が強かったら、忘れない読書に困っていないよ、ということですね。

イメージドリブン読書は実はそのご指摘は織り込み済みです。というのも、**イメージというとはっきりとした鮮やかなイメージを作る必要があるように思いがちですが、そこまでの明瞭なものでなくてもいいのです。**

まず、イメージというものの概念を本書ではもう少し広げて、**「ニュアンス」**も含めてみてもらいたいのです。

例えば「あの人に対して良いイメージを持っている」と言ったときのイメージとは必ずしもありありとしたイメージではなく、もっとぼんやりしたニュアンスです。

さらに空間や場所に対する感覚もイメージなのでしょう。

「祖母が昔住んでいた家は確かこぢんまりとしたイメージだ」

「あの店は駅から近かったようなイメージを持っている」

などというときのイメージも雰囲気や印象という方が近いかもしれません。

本書で言うところの「ニュアンス」というのを分かりやすく定義すると「**シルエット**」という表現がぴったりきます。

例えば背景が白のところに黒く「象」のシルエットがあれば、細部が分からなくてもそれが象だと認識できます。また、東京スカイツリーと東京タワーの高さはどちらが高いかを想像するときにも、高さの比較にはそれぞれの詳細なビジュアルまで想像しているわけではなくシルエットレベルで考えているはずです。

つまりイメージがはっきりとした解像度を持っていなくてもシルエット程度で記憶に長くとどめておくことはできるということです。


しかしそう言われても、そんな曖昧なシルエット的イメージから記憶を呼び覚ますことができるのかと思われる方もいるでしょう。しかし、これは私自身がこれまでに何回も実際に行ってきた作業なのです。

イメージの概念を広げることのきっかけとなったのはやはり記憶競技でした。記憶競技でも覚える方法としての基本は、やはりはっきりとしたイメージを頭の中に作ることなのですが、制限時間が設定されている以上、イメージ化のスピードが求められるのです。

そういった状況の中で技術が上達してくるにつれ、記録を上げようとしたら覚えるもののイメージをはっきりしたイメージになるまで待ってはいられないわけです。

するとはっきりしていないぼんやりしたニュアンス程度で覚えていくことになるのですが、実際にやってみると、そのぼんやりしたニュアンスだけ存在しているようなイメージでも解答の際には具体的に思い出すことができるのです。

この本の読者の多くは、本の内容を覚えたいという思いがあるのだと思いますが、それは要するに読んだ本の内容を頭の中に取り込んで後になってからその情報を再現する、つまり思い出して自分の生活や人生に活かしたいというのが大きな目的のはずです。

先ほどイメージ化の利点の一つに情報を圧縮することができるとお伝えしましたが、このニュアンス的なイメージ化でさらに情報は圧縮でき、だからこそたくさんの情報を頭の中に蓄えることができるというわけです。

そして情報を再現するときにはニュアンス的なイメージから明確なイメージに戻すことができます。

そのため、明瞭なイメージ化が苦手でも大丈夫です。ニュアンス程度の方がむしろ本の内容を覚えることにつながりますし、それが実現できるトレーニングを用意しています。

## ［キーコンセプト①］映像化
### ――映像記憶は文字の650％強く残る

### とはいえ、映像化は「忘れない読書」の基本

シンボル化、図式化もなければ、真の意味で「忘れない読書」は達成できないということをこれまでも説明してきましたが、とはいえ「忘れない読書」において映像化は必須の要素です。

これまでもお伝えしてきたように、映像化は「目に見えるもの」のイメージ化。その威力は強力なものがあります。

ワシントン大学医学部の分子発生生物学者であるジョン・メディナ教授は、著書『ブレイン・ルール』の中で自身の行った研究について言及しています。その研究によると、文

字と言葉によるプレゼンは、写真や画像を用いたプレゼンに比べて著しく記憶に残りにくいというものでした。

**文字と言葉だけの伝達では、72時間後、そのうちの10％しか記憶に残っていないが、これに写真や画像を加えた場合、65％が記憶に残るという結果となったのです。**

これは画像優位性効果（Picture Superiority Effect）と呼ばれるものですが、これを読書にも活かさない手はありません。

## 映像はたった1秒で脳に届くから、最強のインパクトを生む

なぜこんなにも映像が記憶に残るのか。それは頭の中に入力されるスピードが速いことも関係しています。

この点について人間の脳が持つイメージの潜在能力がいかにすごいかが分かる研究結果を紹介したいと思います。人がどれくらいの速さで映像を認識できるかを調べた実験です。その研究結果は１９７０年にサイエンティフィック・アメリカン誌に掲載されました。

実験内容はまず2枚1組のスライドを準備します。この2枚は似ているけれども微妙に

違うものです。こういうタイプのスライドの組を全部で2560組用意します。そのスライドの片方だけを被験者に見せていき、終了後1時間たってからどれくらい認識できているか、つまり頭に入力されているかを調べた実験です。

当初の実験では2560枚のスライド写真を1枚につき10秒間ずつ被験者に見せていくという条件で行われました。2560枚もあるので全部で7時間もかかるため数日に渡って行われたそうです。

そして最後のスライドを見せた1時間後にまたスライド2560枚を1枚ずつ見せていくのですが、そこで出されるスライドは実際に見たものと、似ているけれど違うものをランダムに表示されるようにしたそうです。

被験者はそのスライドが実際に見たものか、見たものとは違うものかを答えていくのですが、被験者たちの正解率、つまり画像認識率は85〜95%にもなったそうです。

この結果により、人の脳が非常に高い映像記憶能力を持つことを確認できたため、さらに今度はスライドを見せる時間を1枚1秒にしたそうです。つまり被験者は2560枚のスライドを1秒間隔で見ていったというわけです。その結果、この条件で行われても最初の条件のときと同様に85〜95%の認識率になったということです。

この結果から脳は驚くほど大量のデータを、驚くほどのスピードで、しかも正確に再現できることが分かったのです。

イメージドリブン読書法はこの脳の潜在能力も活用する読書法なのです。

中には今の時点である程度映像化ができる方もいるかもしれませんが、イメージドリブン読書法の効果を最大限に発揮するために、さらに磨きをかけてもらうべく練習ページを第3章に用意しました。練習と言いましたが、厳密には皆さんの脳をイメージ脳となるべくしつけていただくのが目的です。ぜひ楽しんでトライしてみてください。

## ［キーコンセプト②］
## シンボル化
## ――カタチない言葉にカタチを与える

### 「愛」「自由」「夢」「平和」。
### いわゆる抽象語にカタチを与える

これまでも説明してきたように、本の内容をイメージ化するときに、その障害になる大きな要因の一つが文章内に書かれている抽象的な言葉や考え方の処理です。これまでの右脳系の読書法は、目に見えるもののイメージ化にしか対応していなかったため、抽象語には対処できず、かなりの情報を取りこぼしている点は先ほども説明した通りです。

そして抽象語が出てきたときには、それを代表する何かカタチのある具象語を1つ選んでイメージ化する必要があります。これが3つのイメージ化の2つ目であるシンボル化（象徴化）です。

**シンボル化が難しい理由の一つに抽象的な言葉は、富士山や自動車といった目に見えるものと違い、共通認識としてイメージが存在しないところにあります。**

例えば簡単な例を挙げると、「平和」という言葉があります。平和という言葉をイメージにしてください、と言われたら皆さんはどんなイメージを頭に思い描きますか。

子供たちの笑顔を浮かべる人もいるでしょう。家族団らんの風景を思い出す人だっているはずです。中には、陽だまりで眠っている猫を想像してそのイメージに平和を読み取る人だっているかもしれません。

では正解は何でしょう。もちろん、ただ一つの答えなどありません。それぞれが描く映像が、その本人にとっては平和のイメージなのだと思います。

そして、全く何もイメージすることができなかったという人もたぶんたくさんいるはずです。日頃抽象的な言葉のシンボル化など意識したことはないでしょうから当然です。

先ほどイメージできた人の中にも、この場で平和という言葉一つだけを取り上げて時間をとったからできたという人もいるかもしれません。ところが実際の本の文章の中には抽象的な表現が山盛りです。いちいち立ち止まってシンボル化に時間をかけているヒマはないはずです。

そんなわけで本のイメージ化をスムーズにし、その結果、漏れなく情報を拾い上げるためには、この抽象的な言葉のシンボル化をスムーズにできることが不可欠なのです。

## 「頭のいい人」とは結局、「具体⇕抽象」ができる人

シンボル化は抽象的な言葉に具体的な言葉を与えるので、言い換えれば「具体化」です。一方、その反対はというとそれが**「抽象化」**です。抽象化するとは、ある具体的なものごとを、一つ上の階層のより広い範囲の考え方を見つけることを表します。

例えば「ブドウ」という言葉。この言葉の階層を一つ上げるとどうなるでしょう。ブドウを分類してみるとそこには「果物」というグループがあります。このように、それが含まれているグループの枠を広げていくことを抽象化というのです。もちろん「果物」の上には「植物」さらにその上に「生物」という階層も存在しています。

俗に「頭の回転が速い」と表現したりしますが、個人的には頭の回転が速いとは、この抽象と具体の階層の間をスムーズに上がり下がりできる人と考えています。

テレビに出演している優秀なコメンテーターの中には、見ていて、とても頭の回転が速いなと感じる人がいます。司会者から質問を投げかけられたり意見を問われたりしたときの対応がとても素早く、回答も的確です。

そのときの彼らの思考の過程は、テーマが与えられた瞬間、先ほどのブドウの例のように抽象化の階層を上がっていき、概念の枠を広げることでテーマの本質が何であるかが浮き彫りになりやすいのだと思います。

我々からすると、途中の思考形態は見えないので、いきなり素晴らしい回答が出てくるのを見て、「この人は頭の回転が速いのでとても頭がいい」という感想を持つのでしょう。

**そして何とイメージドリブン読書におけるシンボル化は、その逆である「抽象化思考」の能力を高めることにもつながるので、まさに「具体⇕抽象」のトレーニングになるのです。**

第4章で実際にシンボル化トレーニングをしていただきます。やることは至って単純。抽象語が出てきたら、その言葉が象徴する一つの具体的なイメージを創作するのです。

冒頭の平和のイメージの例を見てみると、一つのイメージの中にさまざまな要素が含まれていました。いわば「シーン」を見ているような感覚です。

このシーンではなく平和という言葉の意味や定義から連想や想像をさまざまに膨らませ、自分にとっての平和ならこれだ、というシンボルのイメージを一つに決めるというようなことをしてもらいます。

このトレーニングをすることで、実際の本の中に抽象的な言葉や考えが出てきたときも戸惑わずスムーズにシンボル化が可能になるというわけです。

## ［キーコンセプト③］
# 図式化
## ――言葉同士のロジックを瞬時に把握する

### 博識は本を読みながら、頭の中で図を描いている

前の抽象的な言葉のトレーニングで、かなりスムーズにイメージ化できるようになると思います。しかしさらにこの3つ目のキーコンセプトである「図式化」のイメージトレーニングをすることにより、その効果は倍増します。

**抽象的な言葉がイメージ化を邪魔していたように、文章が伝えるロジック、関連性、関係性、構造などもスムーズなイメージ化を阻害する要因です。**

実用書には全体のテーマというものはありますが、小説のようにすべてストーリーでつながっているわけではありません。話の流れは章や節ごと、あるいは項ごとに違う内容になっていきます。

ではこのようにストーリーに頼れないとすれば何を基にしてイメージ化すればよいかといえば、それが文章に書かれている内容の構造なのです。それを図にして頭の中に描けるようにならなければ、記憶として残りません。

例えば、文章の中にAとBとCとDという要素が出てきたときに、この中でAとCが同類で、BとDはまた違う種類の同類であるといった分類をすることや、重要性はC＞B＞D＞Aの順番であることを見抜いたり、または論理的な流れはD→A→B→Cということをつかんだりといったことを頭の中ですぐに図式化できれば、内容を理解しただけでなく、強く記憶に残すことができるというわけです。

**この構造というのも、一つ前の項と同じく抽象的です。**つまり、文章だけ追っているだけでは、文章に登場する者同士の関係性、関連性や文章が伝える論理といった構造は何となく理解はできるけれど、これを覚えておけるかといったら、厳しいのではないでしょうか。

やはりここでもこの文章が伝えている関係性、論理の構造をイメージ化できなければスムーズなイメージ化、そして覚えるということは難しいのです。

しかしこれも前回の「シンボル化」と同様、こういうことを意識したことは少ないでしようから、意識して文章→「図式化」というふうに脳をしつける必要があるのです。

## 図にできれば、記憶は100倍増しになる

イメージドリブン読書法を行う一番の目的は何度も言っているように本の内容を覚えることにあります。そのためにこの3番目のキーコンセプトである「図式化」もあるのですが、この図式化を意識して読書を続けていくと、同時に記憶力自体も向上することになります。

それというのもこの頭の中で行う図式化の作業自体が記憶力を上げるためのメカニズムにのっとっているからです。

ここまで脳科学や学習心理学の観点から記憶の仕組みをお伝えしてきましたが、実はそもそも、これがないとそれらの性質を十分に活かすことができないという重要なものがあります。

それが**脳の記憶モード**です。脳が記憶モードの状態で情報に接することが最強のインプットを可能にするのです。

記憶モードとは具体的には、意識を持って、隠れているものを探そうとする、共通点を探そうとする、既知の知識と照合しようとする、関係性を見つけ出そうとする、規則性、パターンを見つけ出そうとすることをいいます。お分かりの通り、これらの意識とはまさに図式化のことです。

つまり、図式化をすることで脳の記憶モードに入ることができ、その他の映像化やシンボル化のインパクト自体も最大化させてくれるということです。

例えば本の、あるページに書かれている内容を前の項で書いたように、その関係性や論理的構造をまずは把握します。そしてそれを頭の中で一つの図式としてイメージ化する一連の作業の中に、先ほどの記憶モードの要素が自動的に組み込まれているのです。

ですので、図式化ができた時点で情報のインパクトは最大になっているため、自動的に記憶に残ることになるわけです。

この図式化についても前の抽象化と同じくあまり意識してこなかった人は多いと思います。そこでこの図式化についても第5章にトレーニングページを用意しました。

# 人生までも変えてしまう9つの「神・効果」

## ［神・効果①］
## 読書スピードまでもが160％UP

今回のイメージドリブン読書法における一番の目的は本の内容を「覚える」ことです。覚えることを目的として作られたこの読書法ですが、いざそこを目指して作り、蓋を開けてみたら結果的にこの読書法のシステムが自動的に読むスピードも速くする効果も生み出すことが分かりました。

**つまり「内容を覚えられる」と「速く読める」を両立させる読書ということになります。**

これまでにもイメージを利用した読書法は存在しましたが、それらを使っても速く読むことができなかった理由がいくつか存在します。その理由の一つが先ほど図式化の説明でもお伝えしました「一般書や実用書にはストーリーがない」ということです。

本書の読者である皆さんの多くが求めているのは小説ではなく一般書や実用書に対する読書法ではないでしょうか。

また他にも、この種の書籍にはいくつかの障害が存在していて、それもイメージ化を困難にしている理由です。その障害がこちらも先ほど紹介した、「抽象的な言葉」や「抽象的な概念」そして「関係性や構造」といったものの処理なのです。


既存の方法はほぼ皆「言葉を映像にする」ということは示唆してきましたが、それだけで一般書の内容をスムーズにイメージ化するのは無理があったのです。文章を形作っている要素を分析し、それに対応する準備をしておかなければイメージ化のメリットを十分に享受することは不可能だったというわけです。

本書ではそれをクリアするために脳をしつけるトレーニングを用意しています。それにより皆さんの脳にはイメージドリブンOSがインストールされることになります。この新たな読書用OSが組み込まれて初めてスムーズなイメージ化を可能にするのです。

そうなると1文字ずつ読むというレベルから文章をかたまりで捉えることができるようになります。文章のかたまりを一つのイメージにできるわけですから、結果的に情報を消化していくスピードも驚異的なレベルにまで高めることを可能にするのです。

私の場合、自己流の読み方で読んでいたときは一冊の本に5時間かかっていましたが、イメージドリブン読書法を使ったら3時間になりました。

## ［神・効果②］頭の回転が爆速になり、1日が27時間に

イメージドリブン読書法は他にもさまざまな副次的効果をもたらします。

皆さんは**「ワーキングメモリ」**という言葉を聞いたことはありますか。記憶と一口にいっても実はいろいろな種類があるのです。ワーキングメモリはその中の一つです。

例えると、「脳のメモ帳」といったところでしょうか。このワーキングメモリには、メモ帳のように一時的に情報をとどめておくことができます。何かを考えたり、課題を処理したりするときはこの情報を参照できるのです。

さらにすごいのは、このメモ帳に書き込める情報が今見たもの、聞いたものに限らないというところです。すでに頭の中に入っている知識の中から、目の前の課題に対処するために必要な情報を脳のデータベースの中から探し出し、それを取り出し、書き込めるのです。

俗に言う頭のいい人の定義の中に頭の回転が速いというものがあると思うのですが、こ

**のワーキングメモリの能力が高い人は間違いなく頭の回転が速いです。**

頭の回転が速いということは答えを導き出すのが速いということです。ワーキングメモリの能力が高いことで、答えを導き出すためのヒントをたくさんの候補の中から素早く検索し参照することができるのです。

そうなると、仕事や勉強をはじめ、日常におけるすべての課題処理の効率は飛躍的に向上することは想像できるでしょう。

一日は24時間というのは誰にも平等に与えられていますが、このワーキングメモリの能力が高い人にとっては、一日がまるで27時間あるかのようにたくさんのことを処理することができるのです。これが積み重なると相当の成果を生み出せるとは思いませんか。

この能力をイメージドリブン読書法で高めることができます。

ワーキングメモリ研究の第一人者、大阪大学の苧阪満里子名誉教授によると、ワーキングメモリの能力が高い人は脳の中のＡＣＣ（前部帯状回）という場所がよく活動しているのだそうです。

そして、このＡＣＣの活動を高めるのに効果的なのがイメージングなのです。実験により言葉をイメージ化してもらうことでＡＣＣは活性化するのだそうです。

本の内容をイメージ化することが本質であるイメージドリブン読書法はまさにそれに当てはまります。つまりイメージドリブン読書法を使って本を読んでいくだけで、いつの間にか頭の回転までもが速くなっているというわけです。

ぜひ皆さんもイメージドリブン読書法でワーキングメモリ能力を高め一日の使える時間を27時間にしてみてはいかがでしょうか。

## ［神・効果③］
## 24時間365日　集中力MAXフルスロットルになる

集中力。それはスポーツや仕事や勉強など、結果を求められるものすべてにおいて、自分の持っている最高のパフォーマンスを引き出すための土台となっている力。誰もがそんな認識を共通して持っているものだろうと推察します。

つまり、各能力を個別に注目して、磨こうとしても土台に高い集中力がなければ本来の実力もなかなか発揮することは難しいということです。

何とイメージドリブン読書法は集中力を劇的に高める効果もあるのです。

この集中力というえたいの知れないものの軸は、**「意識のコントロール」**です。

学生時代に授業を受けている最中、頭の中が授業と関係のない世界に飛んでいたことはありませんか。また「はじめに」で、読書中に目は文章を追い続けているのに頭の中で他のことを考えている経験の話をしましたが、同じ経験をした人もいることでしょう。

このような状態のときは「意識」を自分の意志でコントロールできているとは言えません。例えるなら自由に意識がさまよっている状態と言ってもいいでしょう。

「意識」というのは目に見えませんが、例えば意識のボールというものが存在していると仮定して、その意識のボールが頭の中に収まっている時を集中状態、そのボールが頭から外に出てしまっている時を集中していない状態とイメージすると分かりやすいかもしれません。

この意識のボールを頭から出し入れする、そのコントロール能力を集中力というのだと思います。

人間は常に集中し続けることは不可能です。だからこの意識のボールが頭の外にあることがあってもよいのです。

大事なのは必要なときにこの意識のボールを頭の中に戻せるかどうかです。**イメージドリブン読書法を続けることによって、この「集中力」も爆発的に高まることになります。**

イメージドリブン読書法の第一義は「覚える」つまり記憶にありますが、その記憶力を高めるためにイメージを使っているわけです。このイメージ化の方法をとっていることが集中力にも影響を与えるのです。

本の内容をイメージに変える、と一口にいいますが、文章をイメージに変える過程において自動的にイメージが発生するでしょうか。いいえ、イメージ化するためには、必ず集中が必要になるのです。

それを繰り返して読んでいくこのイメージドリブン読書法、皆さんの集中力が劇的に向上するとは思いませんか。

## ［神・効果④］ いま大ブームの非認知能力が爆上がり！

最近注目されている能力に「非認知能力」というものがあります。「非認知能力」とは、やる気、モチベーション、我慢などといった、**自分の欲求や感情をコントロールする能力**のことを指します。

EQ（心の知能指数）に相当する能力ということで、いわば「心」に関する能力とでもいうのでしょうか。社会構造や人間関係も複雑になってきた現代社会にうまく適応していくためには、必須の能力といえます。

さらに、以前は人の能力を測る指標としてＩＱ（知能指数）を尊重してきましたが、最近の研究で、この**ＩＱよりも社会に出てからの成功にはＥＱの方に高い相関があることが分かってきた**ことなどもありがぜん注目が集まっているというわけです。

イメージドリブン読書法はこの「非認知能力」も高める効果があります。その理由を説明しましょう。

感情のコントロールを、怒りが生まれてからそれを鎮めるまでのことを例に、その時に脳の中で何が起こっているのかを紹介します。

まず怒りが生まれるのは脳の中の大脳辺縁系という場所です。そのエリアの中の「扁桃《へんとう》体」という部位により情動が生まれるのです。

そのままでは怒り続けることになりますが、これを同じく脳のある部分が制御することによって怒りは鎮まります。この制御する場所を「前頭前野」といって脳の前側、つまり額の内側に位置しています。前頭前野は認知機能の司令塔ともいうべき場所なのでここで理性をつかさどる役目も担っているのです。

つまり扁桃体と前頭前野の連携で感情のコントロールはなされているというわけで、非認知能力（ＥＱ）が高いということは、この２つをつなぐ回路がスムーズに連携できていることを指します。

一方で、イメージドリブン読書法がやっていることは、認知と感情の切り替えをしかも意志を持って能動的に行うことです。それにより結果、「感情―理性回路」を鍛えることになり、間接的に感情をコントロールする能力を高めていることになるわけです。

## ［神・効果⑤］死ぬほどアイデアがあふれ出てくる

自分にとって価値のあるアイデアがどんどん湧き出てくる。そんな体質になりたいとは思いませんか。

手前みそで大変恐縮ですが、私自身のことをお話しさせていただくと、今ではアイデア創出に全く困ることはなくなりました。しかし昔からそうだったわけではなく、あることがきっかけで、以前とはアイデアが生まれる量に明らかな差があるのを自覚しています。そのきっかけがイメージです。

記憶というものに関わるようになってから競技をはじめ、個人的な勉強や読書やメンタルトレーニングに至るまでさまざまな場面でイメージを活用するようになりました。イメージをたくさん利用するようになると、その二次的な効果でアイデアが湧きやすい体質になれるのです。

そもそもアイデアが生まれる仕組みをご存じでしょうか。アイデアとは何もないところからいきなり生まれることはありません。

アイデアとは既存の知識や情報などの要素の組み合わせでしかありません。画期的に見えるようなアイデアでさえ、ゼロから生み出されたものでなく、よくよく分析してみると既存のものの組み合わせなのです。

別々のタイミングやシチュエーションで頭の中に入ってきた情報が記憶され、保持されている最中に何らかの化学反応を起こして結びつき、その結果生まれたのがアイデアなのです。

となれば、情報はたくさん頭に入っていることが前提条件となります。これまでも説明しているようにこのイメージドリブン読書法は文字で書かれた大量の情報をイメージという形にすることにより情報の圧縮を図っています。それにより効率よく大量の情報を頭に入れることができます。

さらに**イメージの形で頭に入った情報というのは先ほどのアイデアが生まれる化学反応を起こしやすいのです。**

これはかつての偉人たちのエピソードからも読み取ることができます。レオナルド・

ダ・ヴィンチ、アインシュタイン、エジソン、彼らの発明や発見のエピソードの中にはことごとくイメージの話が出てきます。

裏を返せば、それだけイメージの思考を優先していたということです。イメージで考えることが、ひらめきを呼び起こすためのスイッチになっていたのでしょう。

イメージで読み、イメージで記憶するイメージドリブン読書法、その条件にピタリと当てはまるのではないでしょうか。

## ［神・効果⑥］
## 脳年齢が40歳以上若返り、物忘れ0になる

科学と医療の発達によって人の寿命は年々延びてきています。ライフシフトなどといわれ、人生100年時代に突入していく中で、人生設計も今まで一般的に思い描かれているようなライフサイクルでは対応しきれなくなるでしょう。

もちろん長生きできるのはいいことですが、当然そこには「健康」という条件が当然ながらついてきます。そしてその健康の中でも、誰もが注目するのが体全体の司令塔である「脳」の健康になるのではないでしょうか。

一般的には加齢とともに脳の機能も落ちていくと思われています。確かに脳も肉体の一

部ですから間違ってはいません。

しかし世の中には加齢による影響など物ともしない人たちが実際に存在します。その人たちはスーパーエイジャーと呼ばれる人たちです。どんな人たちかというと例えば**実年齢は65歳を越えているにもかかわらず、脳の認知機能が20代の若者と同レベルであるような人たち**のことです。

彼らにはある共通の特徴があります。それは彼らの脳を調査した研究結果により明らかになりました。

高齢になっても脳の認知機能が衰えないというのを聞くと、彼らの脳は考える、つまり「思考」に関する部分が発達しているのではないかと想像しがちです。

しかし実はそうではなく、**彼らの脳に共通しているのは「感情」に関わる場所が発達しているということなのです。**つまり彼らの脳は感動しやすい、感受性が高い脳ということになります。それにより好奇心も人一倍になり、いろいろなことにチャレンジしたいという姿勢が生まれ脳のアンチエイジングにつながっているというわけです。実際彼らは皆、高齢など全く意に介さず、楽器や外国語の勉強などさまざまな趣味を持ち、積極的にいろいろなコミュニティにも参加しています。

これまでの話でイメージドリブン読書法が「感情」にアプローチする読書法というのは

理解していただけていると思います。感情を動かすことで記憶を高めているのです。

非認知能力のところでも言いましたが、イメージドリブン読書法を生活の中に取り入れて、意識して感動する日々を過ごすことが脳のアンチエイジングになるのです。

ぜひ皆さんもスーパーエイジャーを目指してください。

## ［神・効果⑦］いわゆる「頭のいい人」になれる

近年の研究により、**「空間認識」**という能力にがぜん注目が集まっています。硬い言い方をすると「物体同士の空間的な関係を理解し、記憶する能力」という定義になりますが、具体的には、昔住んでいた家の間取りや、学生時代に住んでいた街の様子などを思い出せたりする能力のことを指します。

他にも、ある絵を逆さまにしたらどう見えるかを頭の中で想像したり、ある物体を回転させたらどう見えるかを頭の中でイメージしたりすることもこの能力に含まれます。

変わったところでは時間の長さをイメージする能力も空間認識能力だそうです。例えば皆さんも明日の10時に誰かと待ち合わせしたときに、そこまでの時間の長さを感覚的にイメージできると思いますが、それも空間認識能力ということです。**近年、この空間認識能**

**力の高さが頭の良さにつながることが分かってきました。**

東京大学の池谷裕二教授によると、この空間認識能力が向上することにより**「垂直思考」**と**「水平思考」**が養われるというのです。

「垂直思考」とは、一つの問題を徹底的に深く掘り下げて考えていく能力のことで、例えば数学の解答を導いていくような、いわゆる論理的に最適解を導くような思考のことです。

それに対し「水平思考」とは連想を使って想像力を刺激し、たくさんアイデアを発想する能力のことです。

一方、記憶力が上がるポイントの一つに、脳の中にある「場所細胞」という神経細胞を積極的に使う、ということがあります。その場所細胞は記憶の司令塔「海馬」の中にあります。実はこの場所細胞が空間認識能力に関わる神経細胞なのです。

イメージドリブン読書法はイメージ化という方法をとることでこの場所細胞を刺激します。それはつまり記憶を司る海馬を鍛えていることになり、そうなると当然海馬の中の場所細胞も増えるというわけです。

単なる無味乾燥な記憶トレーニングではなく、イメージドリブン読書法によって読書から同じ効果が得られるのであれば、一石二鳥のこちらを選ぶ方が得ということです。

## ［神・効果⑧］コミュニケーション能力が劇的に高まる

どんなに話している内容が良くても、伝え方が悪ければ、すべてが台無し。そのように感じて伝え方の本をたくさん読みあさっている人もいるかもしれません。

しかし、根本的に伝え方をよくしたいのであれば、本書で3つのイメージ力を鍛える方が早いかもしれません。

そもそも、伝え方がうまいとは具体的にどういうことなのでしょうか。論理的に話せることでしょうか。身ぶり手ぶりを交えて話すことでしょうか。

それらも一定の効果はあるでしょうが、**一番は聞き手の頭の中に自然にイメージを浮かばせることができる**人です。聞き手は話を聞きながら、内容のイメージを見ることができるので、より分かりやすく、リアリティを持って話を聞くことができるのです。

では聞き手のイメージが湧きやすくなるように話をするにはどうすればよいのでしょう。

それには話し手も、自分が話す内容をイメージして、それを見ながら話せばいいのです。

話す内容をイメージにできた時点でより具体化したことになります。それを見ながら伝えることで、相手にも、より伝わりやすくなるのです。

イメージドリブン読書法で文章からイメージに変えることを続けていくことで、皆さんも自分が伝えたい情報のイメージ化が容易になります。つまり言葉に接したときにすぐにイメージ化をする癖がつくということです。

そうなれば話しながら自然とイメージ化ができ、そのイメージを見ながら話すことで結果的に非常に分かりやすく伝えられることになるのです。

## ［神・効果⑨］仕事に勉強に人生に。応用可能なアウトプットができる

本のレビューなどでよく「この本は自分にとって全く必要のないものだった」という内容のものを目にします。例えばストレッチについて知りたいのに、筋トレの本だったというような、そもそも本の選択を誤ったのだったら話は別ですが、そうでなければ全く得るものがなかったというのは少し違う、というか、もったいない気がします。

本に書かれている内容がそのまま自分が求めているものに当てはまるということはもちろん多々あります。しかし、そうでないケースも同様にたくさんあります。なぜなら本は伝えられる情報量が限られているので、伝えている情報がそのままピタリと誰にでも当て

はまるとは限らないからです。

しかし、短絡的に、そのままの形で自分に当てはまらないからといって、その情報に価値がないと判断するのは少し時期尚早です。一見、そのまま使えないという情報でも角度を変えて見直してみると、実はその考え方の枠組みは自分の欲しかったものだったということが往々にしてあるのです。それを見逃しているとすればもったいない話です。

だからこういう意識で本は読めばいいのではないでしょうか。書かれている内容のエッセンスを取り込み、それを再解釈して自分にとって価値の情報に作り変えればいいのだと。


それができるために必要なものが「抽象化思考」です。これはイメージドリブン読書法の第2のシンボル化によって養うことができることはすでに述べました。

本が伝える内容は、ざっくり2つに分けることができます。一つは、より具体的に方法を説明しているもの。もう一つは抽象的な概念を紹介しているもの。

内容が具体的であれば、それをさらに抽象化して選択肢を広げることにより、自分にとって価値がある情報に変えることができ、抽象的であれば、シンボル化のトレーニングをしていることで今度は具体的なアイデアに落とし込むことができるようになります。

それが抽象化思考です。イメージドリブン読書法はそれを可能にします。

第 3 章

# イメージドリブン読書 〝見るだけ〟 トレーニング① [ 映像化 ]

この章の目的は具象物（目に見えるもの）をできるだけ速く、スムーズにイメージ化できるようになることです。

最初の「具象イメージ化トレーニング」はいわば基礎練習です。

もともと皆、目に見えるものに対してイメージを浮かべるのはそれほど難しくはないと思います。しかしそれは無意識レベルの話です。意識的に文字情報をイメージ情報に変換する作業というのはそれほど経験がないと思いますので積極的にイメージに変える感覚をここでつかんでください。

次の「イメージ創造トレーニングＰａｒｔ１」は、イメージで記憶する感覚をつかむための練習です。文字をイメージに変え、その状態で記憶するということは、これもほとんどの方は経験が少ないはずです。イメージが記憶にとって有効なことを体感してください。

最後の「イメージ創造トレーニングＰａｒｔ２」は単に文字とイメージの1対1対応ではなく、頭の中でイメージを操作できるようになることを目的としています。

これは次章からの抽象イメージ・関係性イメージの基礎トレーニングも兼ねています。

これが上手にできるようになると記憶の強度がさらに増すのです。

イメージドリブン脳にしつけるのが目的なので一度で完璧である必要はありません。従って本書を一度読み終わった後も繰り返し練習することをおすすめします。

## 具象イメージ化トレーニング Part1／①

次の50個の単語のイメージをできるだけ速く頭の中に浮かべていってください（目標は1分以内）。

| | | | | |
|---|---|---|---|---|
| 真珠 | 絵本 | インク | マグカップ | サイコロ |
| 万年筆 | めがね | 象 | ポップコーン | 消防士 |
| 白熊 | スプーン | 毛糸 | プール | マシュマロ |
| 麦わら帽子 | カレンダー | 雪だるま | トンボ | 手袋 |
| チョコレート | 白鳥 | イチゴ | ビー玉 | ジーパン |
| 時計 | ホチキス | 桜 | 納豆 | ブーツ |
| ケーキ | 傘 | ハニワ | 土星 | ペリカン |
| コート | 電車 | 浮輪 | 机 | 金魚 |
| 水 | ランドセル | そろばん | 雲 | 羊かん |
| 東京タワー | ブルドッグ | ラケット | 切手 | 豆腐 |

## 具象イメージ化トレーニング Part1／②

次の50個の単語のイメージをできるだけ速く頭の中に浮かべていってください（目標は1分以内）。

| | | | | |
|---|---|---|---|---|
| ダイヤモンド | コロッケ | マスク | 磁石 | 学校 |
| おみこし | まゆ毛 | ヘッドホン | 腕時計 | 富士山 |
| うちわ | ステーキ | Tシャツ | 花火 | ブランコ |
| 線香 | 口紅 | ふで | シマウマ | キリン |
| 日本刀 | ロウソク | パイナップル | マフラー | 本 |
| タバコ | ハト | ラーメン | スピーカー | 包丁 |
| 三味線 | 目玉焼き | カーテン | 食パン | ティッシュペーパー |
| お札 | 飛行機 | えんぴつ | バット | コップ |
| トランペット | わり箸 | バラ | サングラス | 温泉 |
| 塩 | ネコ | オートバイ | 電池 | 黒板 |

## 具象イメージ化トレーニング Part 1 ／③

次の50個の単語のイメージをできるだけ速く頭の中に浮かべていってください（目標は1分以内）。

| | | | | |
|---|---|---|---|---|
| 折り紙 | 砂浜 | シュークリーム | なわとび | 雨 |
| スープ | ヨット | ゴミ箱 | マイク | シイタケ |
| くつ下 | ハンマー | 救急車 | カバ | カミナリ |
| ビル | エアコン | ホース | ハイヒール | 財布 |
| チョウ | 牛乳 | 神社 | トウガラシ | ミカン |
| ピラミッド | カブトムシ | ジェットコースター | サボテン | フォーク |
| ネクタイ | 虹 | ハサミ | 梅干し | コンセント |
| カスタネット | 風船 | 柔道 | うどん | スーツ |
| 石けん | 自由の女神 | 鏡 | スキー | 虫眼鏡 |
| 歯ブラシ | クリップ | お餅 | バナナ | かき氷 |

## 具象イメージ化トレーニング Part1／④

次の50個の単語のイメージをできるだけ速く頭の中に浮かべていってください（目標は1分以内）。

| | | | | |
|---|---|---|---|---|
| クモの巣 | コーヒー | ペットボトル | たき火 | サーフィン |
| お皿 | シャワー | 掃除機 | レモン | 冷蔵庫 |
| 鉄棒 | イルカ | テレビ | ばね | ネジ |
| タオル | すべり台 | 寿司 | 電卓 | 傘 |
| ピアノ | 赤ん坊 | 橋 | 封筒 | パンダ |
| ボクシング | トイレットペーパー | クッキー | ベッド | フライパン |
| ポット | ペンギン | けん玉 | ヘリコプター | 缶詰 |
| サンダル | パトカー | 信号 | おにぎり | スプレー |
| 鯉のぼり | エスカレーター | 輪ゴム | 新幹線 | 観覧車 |
| アサガオ | 月 | サンタクロース | 太鼓 | レール |

## 具象イメージ化トレーニング Part1／⑤

次の50個の単語のイメージをできるだけ速く頭の中に浮かべていってください（目標は1分以内）。

| | | | | |
|---|---|---|---|---|
| スリッパ | つり鐘 | 煙突 | つらら | 氷 |
| ゴマ | 指輪 | 金庫 | ゾウ | ビニール袋 |
| トマト | ヘルメット | 花束 | 田んぼ | 体重計 |
| 消化器 | 包帯 | 指揮者 | 砂時計 | バケツ |
| ケーブルカー | カッター | 気球 | サイレン | ハンバーグ |
| トンネル | はんこ | てるてる坊主 | はしご | ブーメラン |
| トラック | ベンチ | ドライヤー | トロフィー | 跳び箱 |
| ポスト | スポンジ | ワイシャツ | 竹刀 | 砂漠 |
| 焼き鳥 | 定規 | サメ | タンス | 大仏 |
| タイヤ | テント | 地球 | 手錠 | ギター |

## 具象イメージ化トレーニング Part2／①

次の30個の言葉のイメージをできるだけ速く頭の中に浮かべていってください（目標は40秒以内）。

| | | |
|---|---|---|
| 雪の中の足跡 | ボウリングのストライク | 割れたガラス |
| 自分の顔 | 2つ連続の流れ星 | 総理大臣 |
| 重なった本 | 霧の中の人影 | 水があふれそうなコップ |
| アリの行列 | 青空に浮かぶ風船 | 隣の家 |
| 天気雨 | 凍った池 | 破れたしょうじ |
| はずむボール | 折れたえんぴつ | 鏡のような水たまり |
| ビルの屋上からの景色 | こぼれた牛乳 | アーチ状の虹 |
| カラスの群れ | 転ぶ子供 | 逆立ちするゾウ |
| 結露した窓 | にじんだインク | 枯れたひまわり |
| 床のほこり | さびた包丁 | 溶けたアイスクリーム |

## 具象イメージ化トレーニング Part2／②

次の30個の言葉のイメージをできるだけ速く頭の中に浮かべていってください（目標は40秒以内）。

| | | |
|---|---|---|
| うなる犬 | ぶつかり合う関取 | 穴のあいたジーパン |
| トランポリンする人 | 夜空の花火 | 額から流れる汗 |
| 輝く宝石 | 伸びる飛行機雲 | 好きな食べ物 |
| 湯気の立つラーメン | 風に舞う落ち葉 | 傷んだバナナ |
| 担任の先生の顔 | 火山の噴火 | バレーのスパイク |
| 長く続く道路 | 落雷 | たくさんのシャボン玉 |
| ドミノ倒し | 交通渋滞 | スカイダイビング |
| 煙突からの煙 | 海の上の入道雲 | 沈む夕日 |
| 川に流れる小枝 | 回転するスケーター | のこぎりで木を切る |
| 満員のスタジアム | ゴールするランナー | 火のついた導火線 |

## 具象イメージ化トレーニング Part2／③

次の30個の言葉のイメージをできるだけ速く頭の中に浮かべていってください（目標は40秒以内）。

| | | |
|---|---|---|
| 泣いている赤ちゃん | 炒めているチャーハン | 友達の笑顔 |
| 煙突から出る煙 | 桜吹雪 | ボクシングのダウン |
| 溶ける氷 | プールへ飛び込み | 焦げた魚 |
| ころがるボール | お手玉 | マラソンのゴール |
| 破れた障子 | 運動会の応援 | ネコのケンカ |
| ぞうきん絞り | 車窓からの景色 | 昇る朝日 |
| 揺れるカーテン | ボサボサのブラシ | 汚れたスニーカー |
| 玉ねぎのみじん切り | 溝のないタイヤ | 割ったせんべい |
| ドライヤーから煙 | 固い握手 | ペンキのムラ |
| 跳ねる魚 | 刺さるダーツ | 凍った魚 |

## 具象イメージ化トレーニング Part2／④

次の30個の言葉のイメージをできるだけ速く頭の中に浮かべていってください（目標は40秒以内）。

| | | |
|---|---|---|
| 服についた糸くず | あふれるコーラ | 横断歩道を渡る犬 |
| 飛んでいるゴルフボール | 大雪 | 錆びたハサミ |
| 新品の机 | 色の剥げたポスト | うるさい図書館 |
| 誰もいない学校 | 赤いマスク | 破れたぬいぐるみ |
| 焼き立てのパン | 湯気の出ているコーヒー | 混雑の遊園地 |
| 開けっ放しの冷蔵庫 | 泡のついた石けん | はがきの束 |
| 傷のついたヘルメット | ふかふかのスリッパ | 真珠のネックレス |
| 降りる踏切 | 白い歯 | 大きな蜂の巣 |
| 大きなあくび | オセロゲーム | こぼれたゴマ |
| 火のついた炭 | 高級そうなイス | 破れた新聞 |

## 具象イメージ化トレーニング Part2／⑤

次の30個の言葉のイメージをできるだけ速く頭の中に浮かべていってください（目標は40秒以内）。

| | | |
|---|---|---|
| 長い階段 | フルーツサラダ | 磁石に釘 |
| 伸びるお餅 | パンクした自転車 | 芯が折れた鉛筆 |
| 新品の畳 | 雑草だらけの畑 | 弱いシャワー |
| 真っ赤な口紅 | うるさい洗濯機 | 打ち上げられたクジラ |
| 大きな注射 | 透明なプール | たくさんの拍手 |
| 三色だんご | 宇宙から見た地球 | きゅうりのスライス |
| 太った王様 | 赤い梅干し | 広場でダンス |
| 真っ黒なしょうゆ | 熱々のピザ | ヘリコプターの離陸 |
| 水いっぱいのダム | 溶けたバター | 火のついたロウソク |
| マラソン大会 | パトカーのサイレン | ドライアイスの煙 |

# イメージ創造トレーニング Part1／①

2つの言葉を結びつけたイメージを頭の中に浮かべてください。すべてのイメージがつくれたら次のページに進んでください。

| | | | |
|---|---|---|---|
| うちわ | シャボン玉 | リンゴ | フォーク |
| おじいさん | サッカー | ハサミ | カーテン |
| ベッド | 落ち葉 | 包帯 | 大根 |
| 田んぼ | スイカ | わさび | かき氷 |
| マフラー | ゴリラ | マイク | 落語家 |
| 流れ星 | 東京タワー | とうふ | 注射器 |
| ネクタイ | かかし | 大仏 | 手袋 |
| 机 | のこぎり | ヘッドホン | がいこつ |
| お相撲さん | すべり台 | 新幹線 | 風ぐるま |
| かばん | 綿あめ | ホワイトボード | スプレー |

## イメージ創造トレーニング Part1／①

イメージを思い出して空欄を埋めてください。

| | | | |
|---|---|---|---|
| うちわ | | | フォーク |
| おじいさん | | ハサミ | |
| | 落ち葉 | 包帯 | |
| | スイカ | | かき氷 |
| マフラー | | マイク | |
| 流れ星 | | | 注射器 |
| | かかし | 大仏 | |
| 机 | | | がいこつ |
| お相撲さん | | 新幹線 | |
| かばん | | | スプレー |

## イメージ創造トレーニング Part1／②

2つの言葉を結びつけたイメージを頭の中に浮かべてください。すべてのイメージがつくれたら次のページに進んでください。

| | | | |
|---|---|---|---|
| カボチャ | 川 | 滑走路 | マラソン |
| ビル | タコ | 雨 | ピラミッド |
| ネコ | 煙突 | 窓 | 海苔 |
| 海賊 | マスク | 一万円札 | 水たまり |
| サンドイッチ | 梅干し | ジェットコースター | 雪だるま |
| 水槽 | たい焼き | フライパン | 泡 |
| ペンキ | シャワー | ゾウ | パラシュート |
| ブーツ | たわし | ガム | スマートフォン |
| バット | 電球 | トマト | トランペット |
| クラゲ | コップ | チョコレート | ラーメン |

## イメージ創造トレーニング Part1／②

イメージを思い出して空欄を埋めてください。

| | | | |
|---|---|---|---|
| | 川 | | マラソン |
| ビル | | 雨 | |
| | 煙突 | 窓 | |
| 海賊 | | | 水たまり |
| サンドイッチ | | ジェットコースター | |
| 水槽 | | フライパン | |
| | シャワー | | パラシュート |
| ブーツ | | | スマートフォン |
| バット | | | トランペット |
| | コップ | チョコレート | |

第3章

## イメージ創造トレーニング Part1／③

2つの言葉を結びつけたイメージを頭の中に浮かべてください。すべてのイメージがつくれたら次のページに進んでください。

| | | | |
|---|---|---|---|
| 肉まん | 引き出し | トイレットペーパー | 階段 |
| ワニ | タイヤ | ゴミ箱 | 煙 |
| 花びん | 竹刀 | ガムテープ | テレビ |
| 地球 | ロウソク | 自由の女神 | サングラス |
| シャンデリア | クモの巣 | ヘリコプター | 鯉のぼり |
| パトカー | サンタクロース | タバコ | 火花 |
| 海岸 | ライオン | お坊さん | ローラースケート |
| お風呂 | 花束 | 傘 | パンダ |
| 水道 | お茶 | 富士山 | 花火 |
| 踏切 | のれん | 鏡 | 切手 |

## イメージ創造トレーニング Part1／③

イメージを思い出して空欄を埋めてください。

| | | | | |
|---|---|---|---|---|
| | 引き出し | | | 階段 |
| ワニ | | | ゴミ箱 | |
| 花びん | | | | テレビ |
| 地球 | | | 自由の女神 | |
| | クモの巣 | | ヘリコプター | |
| パトカー | | | タバコ | |
| 海岸 | | | | ローラースケート |
| | 花束 | | 傘 | |
| 水道 | | | 富士山 | |
| 踏切 | | | 鏡 | |

# イメージ創造トレーニング Part1／④

2つの言葉を結びつけたイメージを頭の中に浮かべてください。すべてのイメージがつくれたら次のページに進んでください。

| | | | |
|---|---|---|---|
| けん玉 | キャベツ | ケーキ | きゅうり |
| トンネル | サッカーボール | 南極 | たき火 |
| 噴水 | サーフィン | 虫取り網 | スズメバチ |
| スープ | 浮輪 | エアコン | 熱湯 |
| おにぎり | あんこ | 歯ブラシ | みそ |
| アザラシ | 座布団 | プリン | ストロー |
| 高速道路 | タケノコ | アナウンサー | 一輪車 |
| サンダル | ペンギン | ラケット | ステーキ |
| ヨーヨー | フクロウ | ハンバーガー | こんにゃく |
| ブランコ | アリ | 温泉 | 温度計 |

## イメージ創造トレーニング Part1／④

イメージを思い出して空欄を埋めてください。

| | | | | |
|---|---|---|---|---|
| けん玉 | | | ケーキ | |
| トンネル | | | 南極 | |
| | サーフィン | | 虫取り網 | |
| スープ | | | | 熱湯 |
| | あんこ | | 歯ブラシ | |
| アザラシ | | | | ストロー |
| 高速道路 | | | | 一輪車 |
| サンダル | | | ラケット | |
| | フクロウ | | ハンバーガー | |
| ブランコ | | | | 温度計 |

# イメージ創造トレーニング Part1／⑤

2つの言葉を結びつけたイメージを頭の中に浮かべてください。すべてのイメージがつくれたら次のページに進んでください。

| | | | |
|---|---|---|---|
| 落とし穴 | オリーブオイル | 担架 | イルカ |
| つり橋 | 綱引き | 電池 | つり鐘 |
| ペットボトル | 墨汁 | 観覧車 | お地蔵さん |
| ダム | クリーム | エレベーター | 霧 |
| バケツ | ポップコーン | 雪 | 砂漠 |
| スポットライト | お墓 | 滝 | サメ |
| 駅 | ダンス | ティッシュペーパー | プール |
| 釣り針 | 五円玉 | 水着 | 指揮者 |
| 網戸 | 納豆 | 侍 | ランドセル |
| 紙飛行機 | ツバメ | 台風 | 運動会 |

## イメージ創造トレーニング Part1／⑤

イメージを思い出して空欄を埋めてください。

| | | | |
|---|---|---|---|
| 落とし穴 | | 担架 | |
| つり橋 | | | つり鐘 |
| | 墨汁 | 観覧車 | |
| ダム | | エレベーター | |
| バケツ | | 雪 | |
| スポットライト | | 滝 | |
| | ダンス | | プール |
| 釣り針 | | 水着 | |
| | 納豆 | 侍 | |
| 紙飛行機 | | | 運動会 |

# イメージ創造トレーニング Part2／①

各列それぞれ言葉をイメージに変えてストーリーにしてつなげてください。
4列すべてイメージがつくれたら次のページに進んでください。

| ④ | ③ | ② | ① |
|---|---|---|---|
| プール | 田んぼ | 川 | 学校 |
| ↓ | ↓ | ↓ | ↓ |
| クロール | 地震 | 木箱 | 屋上 |
| ↓ | ↓ | ↓ | ↓ |
| 影 | 地割れ | スイカ | バンジージャンプ |
| ↓ | ↓ | ↓ | ↓ |
| サメ | 噴水 | 包丁 | 骨折 |
| ↓ | ↓ | ↓ | ↓ |
| パンチ | 温泉 | ダイヤモンド | 救急車 |

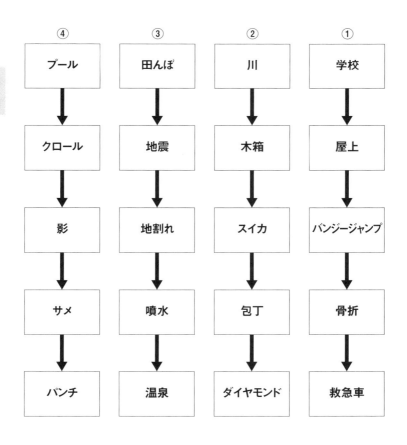

## イメージ創造トレーニング Part2／①

各列ストーリーのイメージを思い出して下の4つの言葉を正しい順番に並べ替えてください。

| ④ | ③ | ② | ① |
|---|---|---|---|
| プール | 田んぼ | 川 | 学校 |
| ↓ | ↓ | ↓ | ↓ |
| 影 | 地震 | スイカ | 救急車 |
| クロール | 温泉 | 木箱 | バンジージャンプ |
| パンチ | 地割れ | 包丁 | 屋上 |
| サメ | 噴水 | ダイヤモンド | 骨折 |

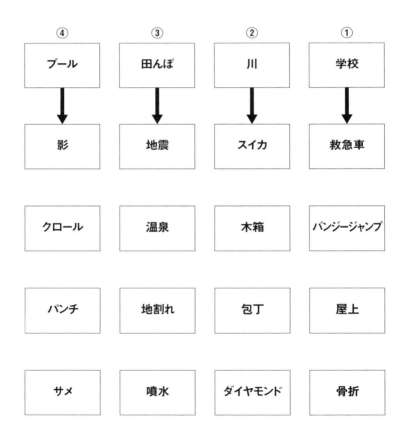

# イメージ創造トレーニング Part2／②

各列それぞれ言葉をイメージに変えてストーリーにしてつなげてください。
4列すべてイメージがつくれたら次のページに進んでください。

| ④ | ③ | ② | ① |
|---|---|---|---|
| 砂漠 | 結婚式 | 自転車 | 廊下 |
| ↓ | ↓ | ↓ | ↓ |
| 炎天下 | ケーキ | くぎ | 足跡 |
| ↓ | ↓ | ↓ | ↓ |
| 水筒 | ナイフ | パンク | ドア |
| ↓ | ↓ | ↓ | ↓ |
| 雲 | 爆発 | 転倒 | どろぼう |
| ↓ | ↓ | ↓ | ↓ |
| 大雨 | クリーム | 泥 | 電話 |

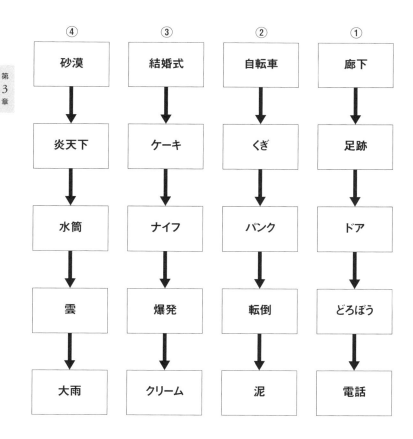

## イメージ創造トレーニング Part2／②

各列ストーリーのイメージを思い出して下の4つの言葉を正しい順番に並べ替えてください。

| ④ | ③ | ② | ① |
| --- | --- | --- | --- |
| 砂漠 | 結婚式 | 自転車 | 廊下 |
| ↓ | ↓ | ↓ | ↓ |
| 水筒 | ナイフ | くぎ | 足跡 |
| 大雨 | 爆発 | 転倒 | どろぼう |
| 炎天下 | クリーム | 泥 | 電話 |
| 雲 | ケーキ | パンク | ドア |

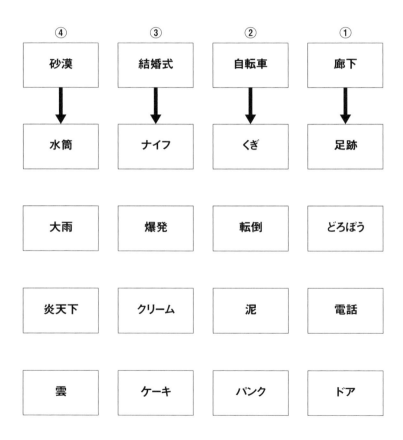

# イメージ創造トレーニング Part2 ／③

各列それぞれ言葉をイメージに変えてストーリーにしてつなげてください。
4列すべてイメージがつくれたら次のページに進んでください。

| ④ | ③ | ② | ① |
|---|---|---|---|
| 洞窟 | 海 | 高速道路 | スキー場 |
| ↓ | ↓ | ↓ | ↓ |
| 暗闇 | 水平線 | 牛 | リフト |
| ↓ | ↓ | ↓ | ↓ |
| 光 | 船 | 馬 | 嵐 |
| ↓ | ↓ | ↓ | ↓ |
| 双眼鏡 | 隕石《いんせき》 | 豚 | 落雷 |
| ↓ | ↓ | ↓ | ↓ |
| サイレン | 沈没 | パトカー | なだれ |

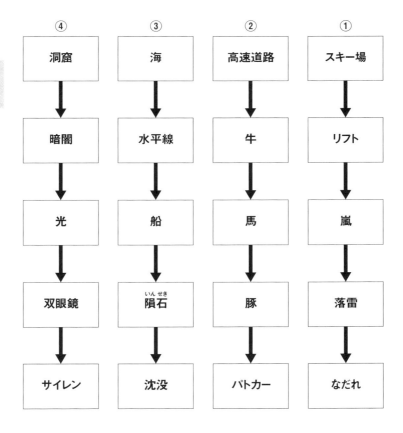

## イメージ創造トレーニング Part2／③

各列ストーリーのイメージを思い出して下の4つの言葉を正しい順番に並べ替えてください。

| ④ | ③ | ② | ① |
| --- | --- | --- | --- |
| 洞窟 | 海 | 高速道路 | スキー場 |
| ↓ | ↓ | ↓ | ↓ |
| 光 | 隕石 | 馬 | リフト |
| サイレン | 船 | 豚 | 落雷 |
| 双眼鏡 | 沈没 | 牛 | 嵐 |
| 暗闇 | 水平線 | パトカー | なだれ |

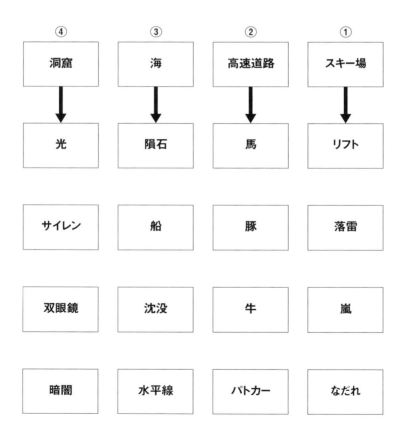

## イメージ創造トレーニング Part2／④

各列それぞれ言葉をイメージに変えてストーリーにしてつなげてください。
4列すべてイメージがつくれたら次のページに進んでください。

| ④ | ③ | ② | ① |
| --- | --- | --- | --- |
| 柔道 | ロボット | 東京タワー | コンタクトレンズ |
| ↓ | ↓ | ↓ | ↓ |
| インフルエンザ | けん玉 | 芝生 | 掃除機 |
| ↓ | ↓ | ↓ | ↓ |
| 小学校 | 信号 | ジャガイモ | ケチャップ |
| ↓ | ↓ | ↓ | ↓ |
| 塩 | 空港 | ピアノ | サングラス |
| ↓ | ↓ | ↓ | ↓ |
| 自動車 | セメント | 鏡 | ウォーキング |

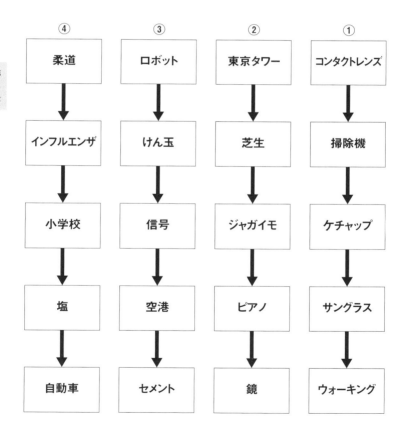

# イメージ創造トレーニング Part2／④

各列ストーリーのイメージを思い出して下の4つの言葉を正しい順番に並べ替えてください。

| ④ | ③ | ② | ① |
|---|---|---|---|
| 柔道 | ロボット | 東京タワー | コンタクトレンズ |
| ↓ | ↓ | ↓ | ↓ |
| 自動車 | 信号 | 芝生 | サングラス |
| 塩 | けん玉 | 鏡 | ケチャップ |
| 小学校 | セメント | ピアノ | 掃除機 |
| インフルエンザ | 空港 | ジャガイモ | ウォーキング |

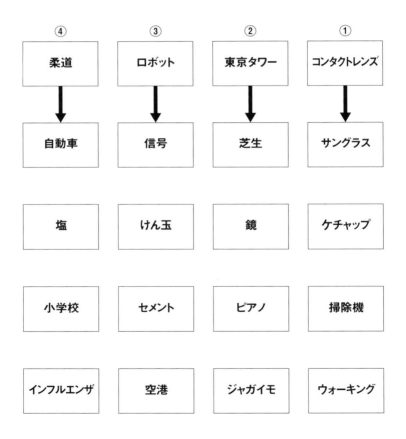

# イメージ創造トレーニング Part2／⑤

各列それぞれ言葉をイメージに変えてストーリーにしてつなげてください。
4列すべてイメージがつくれたら次のページに進んでください。

| ④ | ③ | ② | ① |
|---|---|---|---|
| 氷 | コップ | ヘリコプター | 焼き芋 |
| ↓ | ↓ | ↓ | ↓ |
| アイロン | 星 | 虹 | パソコン |
| ↓ | ↓ | ↓ | ↓ |
| ワイン | ベッド | カーテン | タイマー |
| ↓ | ↓ | ↓ | ↓ |
| 手品 | 接着剤 | 富士山 | 腕ずもう |
| ↓ | ↓ | ↓ | ↓ |
| 飛行機 | ジーパン | スーツケース | 消防車 |

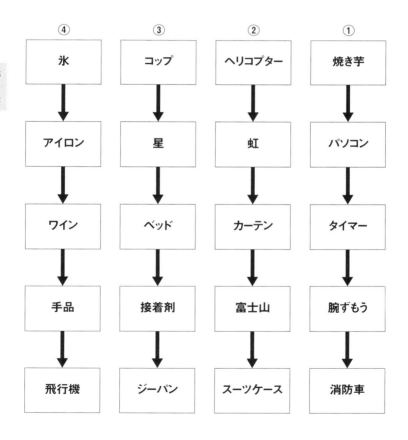

## イメージ創造トレーニング Part2／⑤

各列ストーリーのイメージを思い出して下の4つの言葉を正しい順番に並べ替えてください。

| ④ | ③ | ② | ① |
|---|---|---|---|
| 氷 | コップ | ヘリコプター | 焼き芋 |
| ↓ | ↓ | ↓ | ↓ |
| 手品 | ベッド | カーテン | 腕ずもう |

| | | | |
|---|---|---|---|
| ワイン | 接着剤 | 虹 | タイマー |
| 飛行機 | 星 | スーツケース | 消防車 |
| アイロン | ジーパン | 富士山 | パソコン |

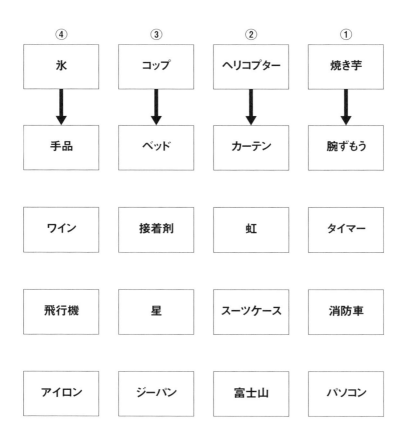

第4章

# イメージドリブン読書
# 〝見るだけ〞
# トレーニング②
# [ シンボル化 ]

この章の目的は抽象物・抽象概念（目で見えないもの）をできるだけ速く、スムーズにイメージ化できるようになることです。

最初の「抽象イメージ化トレーニング」は言葉単位でのイメージ化です。その言葉が象徴する、またはその言葉から連想する一つのイメージに変換してください。

これは具象物よりも難易度は上がります。どうしてもイメージ化できない言葉は検索エンジンなどで画像検索してみると参考になるかもしれません。

次の「抽象イメージ創造トレーニング」は抽象から具体の変換をスムーズにできるようにする練習です。このトレーニングによりニュアンス（シルエット）イメージの記憶を上達させることができます。

最後の「文章イメージ化トレーニング」は実際の読書におけるイメージ化のスピードを上げるための練習です。

一つの文章自体を抽象物と考え、それを統合した一つのイメージをスムーズに作れるようになると読書のスピードが格段に速くなります。情報の圧縮をすることになり本の内容を記憶することにおいても大変有利になります。

イメージドリブン脳にしつけるのが目的なので一度で完璧である必要はありません。従って本書を一度読み終わった後も繰り返し練習することをおすすめします。

## 抽象イメージ化トレーニング ①

次の抽象語をその言葉が象徴する、もしくはその言葉から連想する一つのイメージに変換して頭に浮かべてください（目標：1単語につき10秒）。

（例）戦争・・・ミサイル　平和・・・白いハト

| | |
|---|---|
| **安全** | **健康** |
| **友情** | **進歩** |
| **愛** | **自由** |
| **目標** | **幸福** |
| **連続** | **危険** |

## 抽象イメージ化トレーニング ②

次の抽象語をその言葉が象徴する、もしくはその言葉から連想する一つのイメージに変換して頭に浮かべてください（目標：1単語につき10秒）。

| | |
|---|---|
| **栄光** | **未来** |
| **安心** | **希望** |
| **情報** | **幸運** |
| **知恵** | **信頼** |
| **正義** | **変化** |

## 抽象イメージ化トレーニング ③

次の抽象語をその言葉が象徴する、もしくはその言葉から連想する一つのイメージに変換して頭に浮かべてください（目標：1単語につき10秒）。

**意欲**　　**選択**

**平等**　　**勝利**

**元気**　　**感動**

**生活**　　**混乱**

**勇気**　　**忍耐**

## 抽象イメージ化トレーニング ④

次の抽象語をその言葉が象徴する、もしくはその言葉から連想する一つのイメージに変換して頭に浮かべてください（目標：1単語につき10秒）。

| | |
|---|---|
| 安定 | 能力 |
| 固定 | 攻撃 |
| 永遠 | 最高 |
| 促進 | 清潔 |
| 複雑 | 裕福 |

## 抽象イメージ化トレーニング ⑤

次の抽象語をその言葉が象徴する、もしくはその言葉から連想する一つのイメージに変換して頭に浮かべてください（目標：1単語につき10秒）。

**便利**　　**快楽**

**発展**　　**義務**

**生産**　　**慎重**

**巨大**　　**困難**

**機敏**　　**大切**

## 抽象イメージ化トレーニング ⑥

次の抽象語をその言葉が象徴する、もしくはその言葉から連想する一つのイメージに変換して頭に浮かべてください(目標:1単語につき10秒)。

| | |
|---|---|
| **緊急** | **頑固** |
| **効用** | **豪快** |
| **努力** | **不安** |
| **経済** | **自慢** |
| **自信** | **優越感** |

## 抽象イメージ化トレーニング ⑦

次の抽象語をその言葉が象徴する、もしくはその言葉から連想する一つのイメージに変換して頭に浮かべてください(目標:1単語につき10秒)。

| | |
|---|---|
| **反響** | **世界** |
| **秘訣** | **親切** |
| **判断** | **組織** |
| **解決** | **経営** |
| **行動** | **成功** |

## 抽象イメージ化トレーニング ⑧

次の抽象語をその言葉が象徴する、もしくはその言葉から連想する一つのイメージに変換して頭に浮かべてください（目標：1単語につき10秒）。

**支配** **話題**

**革命** **理由**

**政治** **教養**

**活躍** **販売**

**成績** **検証**

## 抽象イメージ化トレーニング ⑨

次の抽象語をその言葉が象徴する、もしくはその言葉から連想する一つのイメージに変換して頭に浮かべてください(目標:1単語につき10秒)。

**才能**　　**重要**

**避難**　　**対応**

**感情**　　**心理**

**文化**　　**体験**

**確保**　　**教育**

## 抽象イメージ化トレーニング ⑩

次の抽象語をその言葉が象徴する、もしくはその言葉から連想する一つのイメージに変換して頭に浮かべてください（目標：1単語につき10秒）。

| | |
|---|---|
| 予想 | 段階 |
| 関係 | 競争 |
| 信仰 | 基準 |
| 価値 | 分析 |
| 観察 | 強化 |

# 抽象イメージ創造トレーニング①

各列それぞれ図形を自分が知っている何かに見立ててストーリーにしてつなげてください。

4列すべてイメージできたら次のページに進んでください。

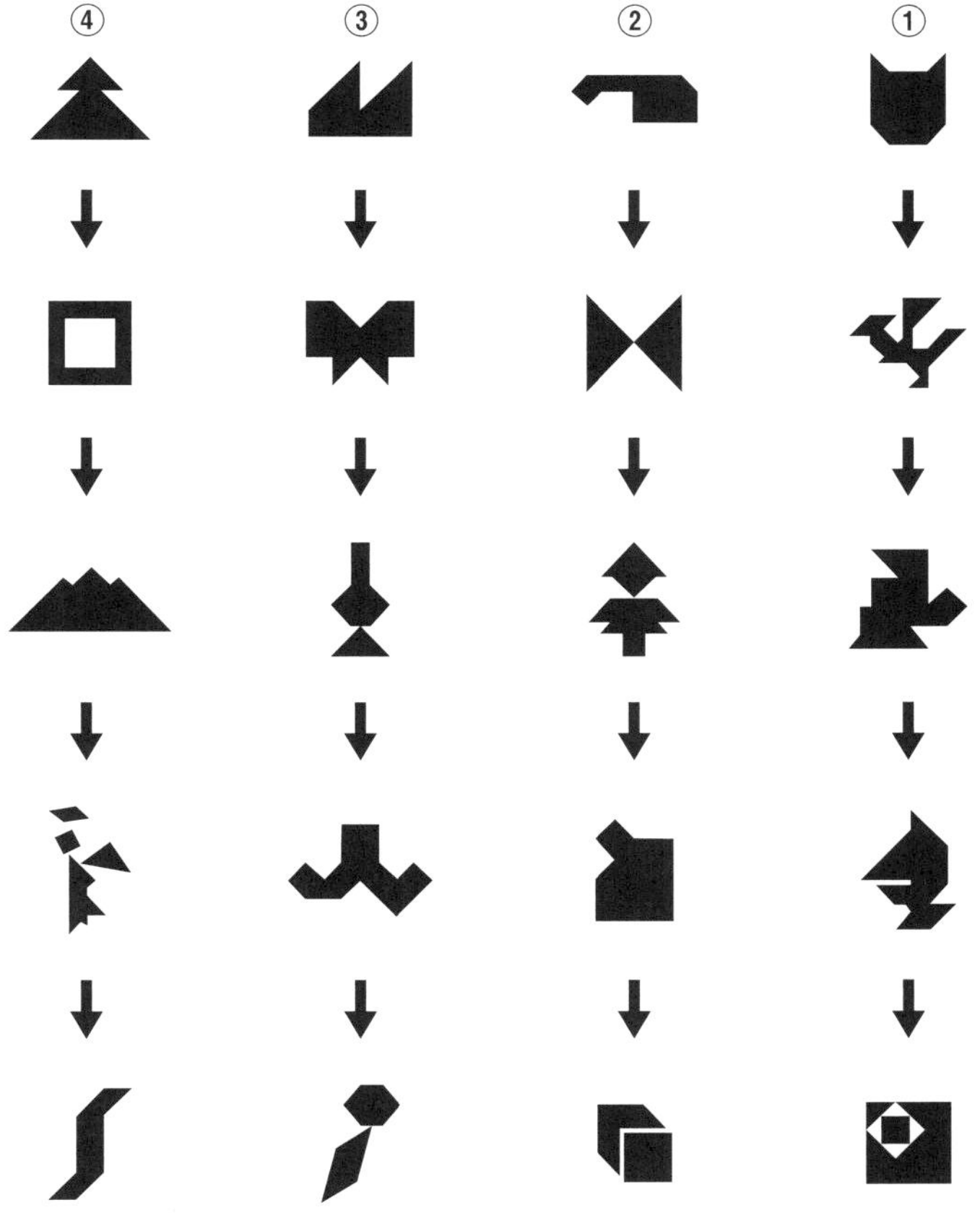

## 抽象イメージ創造トレーニング①

各列イメージを思い出して下の4つの図形を正しい順番に並べ替えてください。

## 抽象イメージ創造トレーニング②

各列それぞれ図形を自分が知っている何かに見立ててストーリーにしてつなげてください。

4列すべてイメージできたら次のページに進んでください。

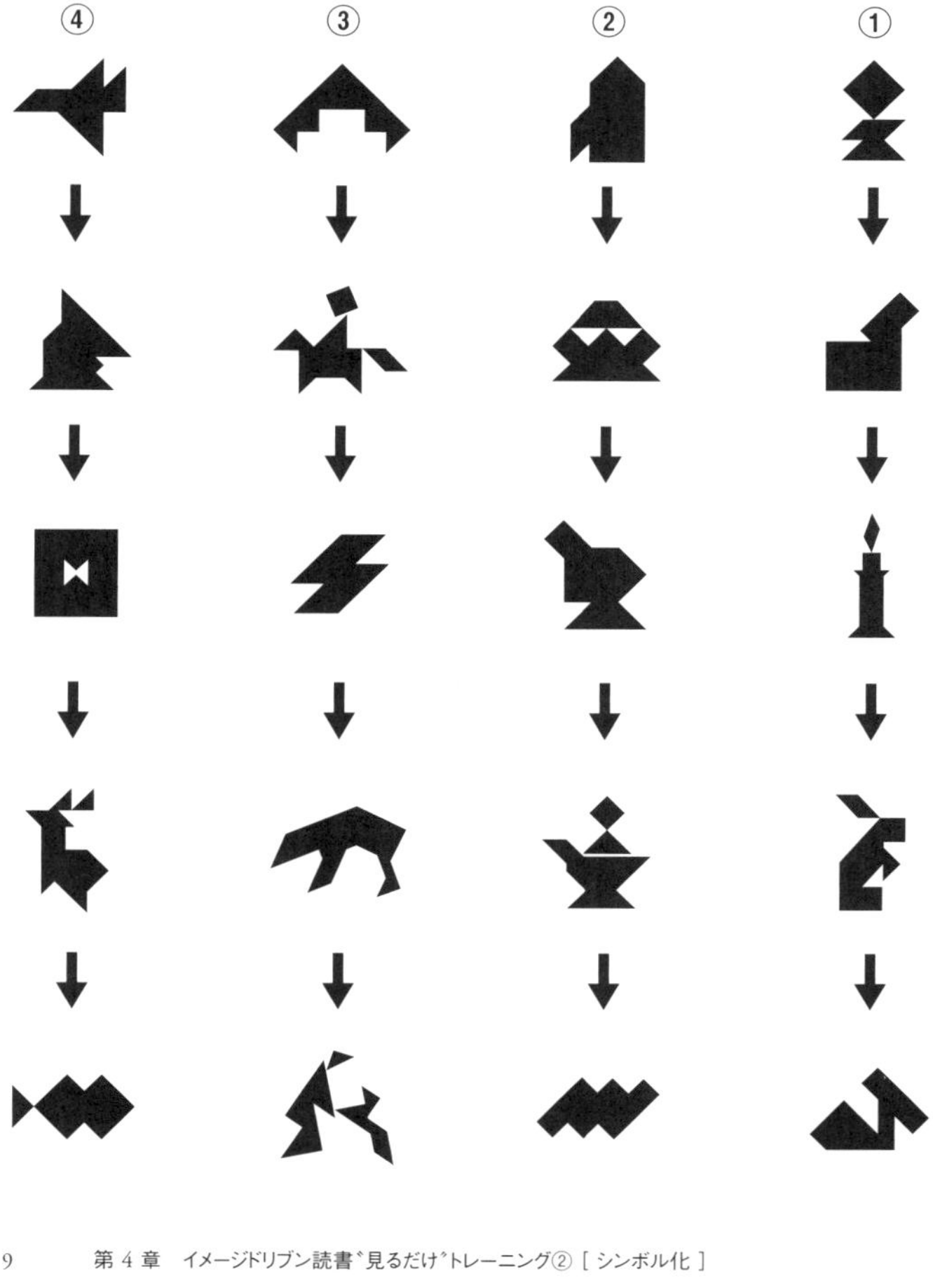

# 抽象イメージ創造トレーニング②

各列イメージを思い出して下の4つの図形を正しい順番に並べ替えてください。

## 抽象イメージ創造トレーニング③

各列それぞれ図形を自分が知っている何かに見立ててストーリーにしてつなげてください。

4列すべてイメージできたら次のページに進んでください。

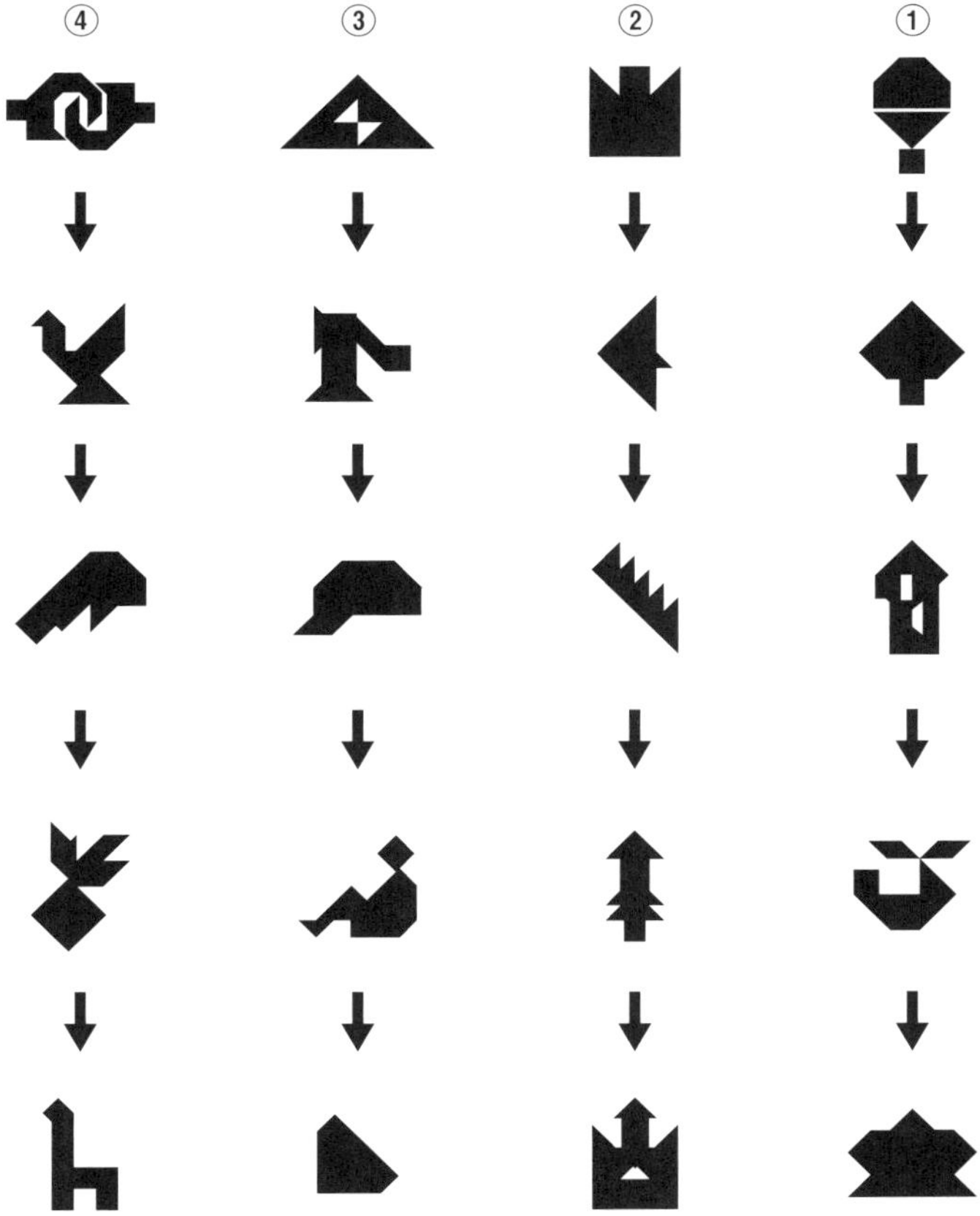

## 抽象イメージ創造トレーニング③

各列イメージを思い出して下の4つの図形を正しい順番に並べ替えてください。

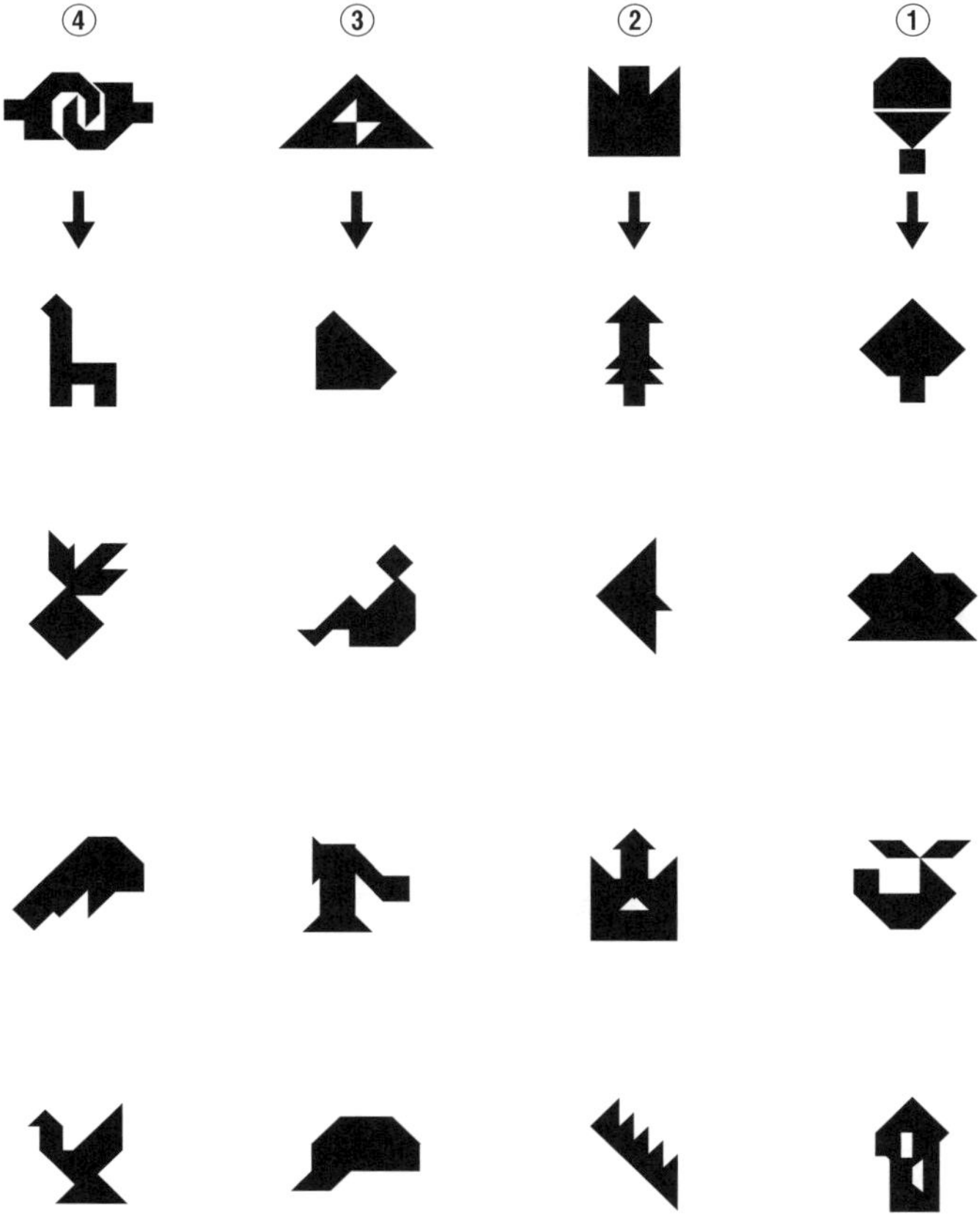

# 抽象イメージ創造トレーニング④

各列それぞれ図形を自分が知っている何かに見立ててストーリーにしてつなげてください。

4列すべてイメージできたら次のページに進んでください。

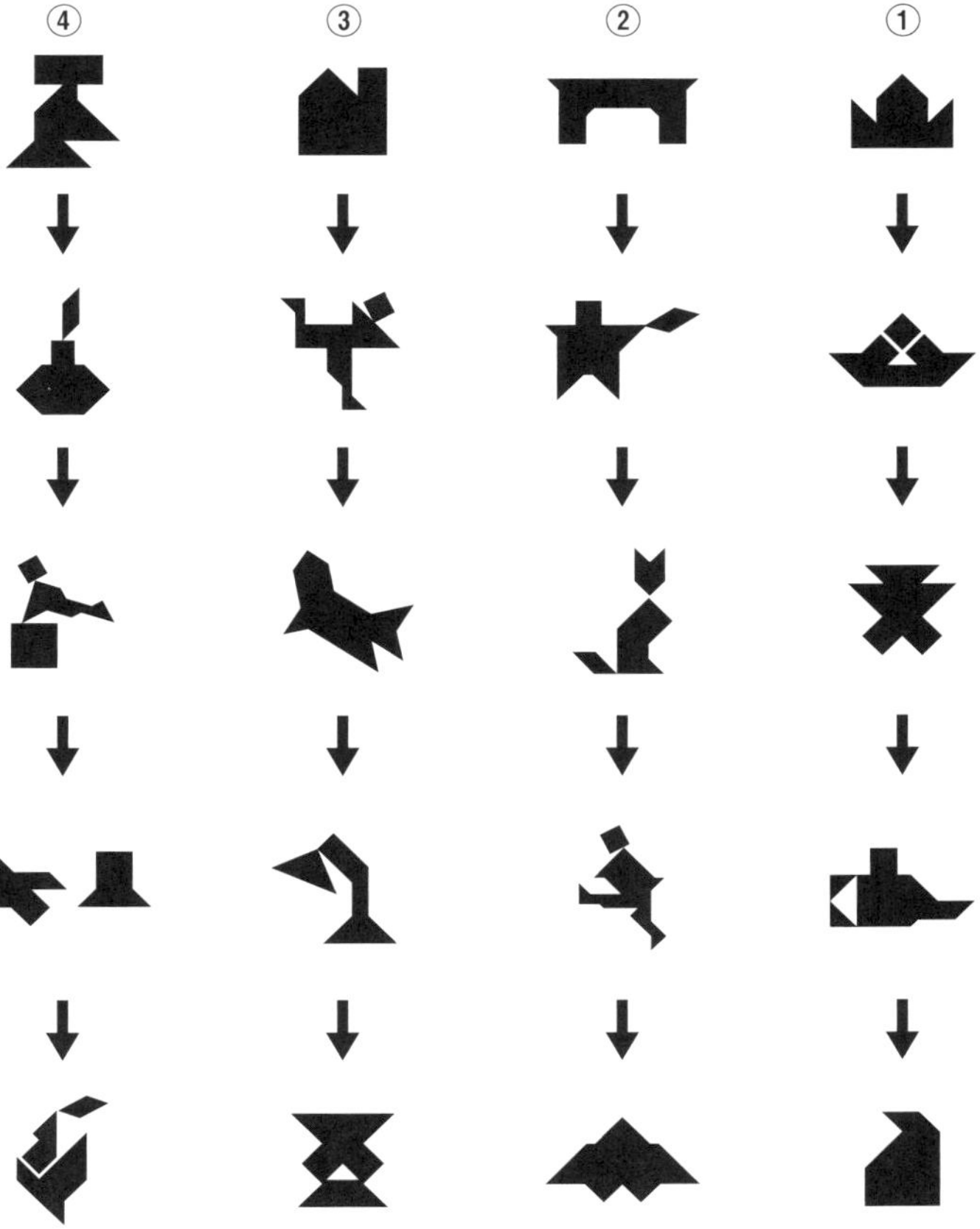

## 抽象イメージ創造トレーニング④

各列イメージを思い出して下の4つの図形を正しい順番に並べ替えてください。

# 抽象イメージ創造トレーニング⑤

各列それぞれ図形を自分が知っている何かに見立ててストーリーにしてつなげてください。

4列すべてイメージできたら次のページに進んでください。

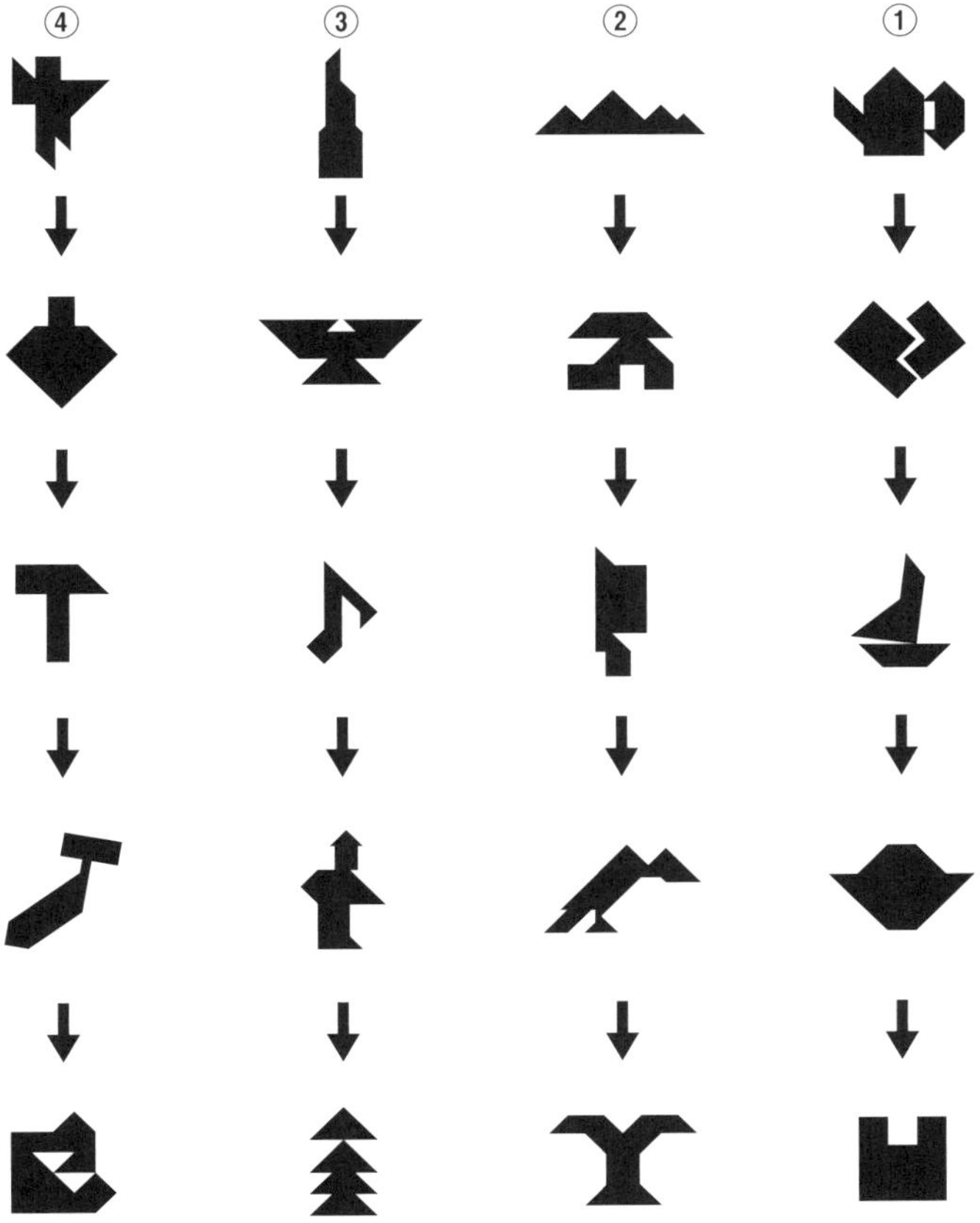

## 抽象イメージ創造トレーニング⑤

各列イメージを思い出して下の4つの図形を正しい順番に並べ替えてください。

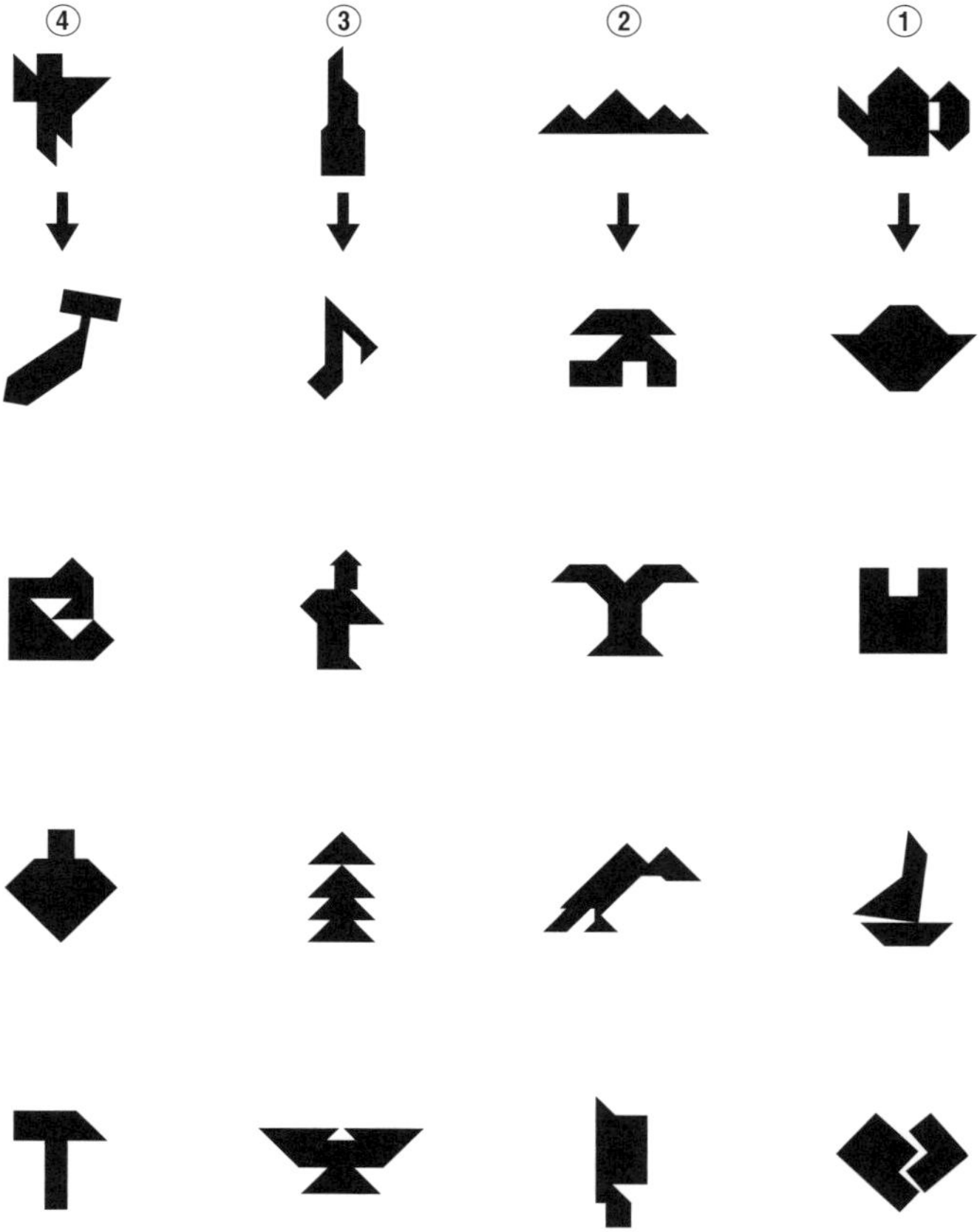

## 文章イメージ化トレーニング①

次の短文を一つのイメージに変換して頭に浮かべてください（目標：1文につき5秒以内）。

| | | | | |
|---|---|---|---|---|
| 今年の年末にはいいことがありそうな予感がする。 | 明日からの旅行に備えて荷物の準備をしている。 | 私の父は和食よりも洋食の方が好きだ。 | 彼の趣味は海外旅行とスポーツだ。 | とても悲しかったが泣きたい気持ちをぐっとこらえた。 |

## 文章イメージ化トレーニング②

次の短文を一つのイメージに変換して頭に浮かべてください（目標：1文につき5秒以内）。

| | | | | |
|---|---|---|---|---|
| 健康のためには有酸素運動が良いと聞いている。 | 彼はとても頭がよく見えるが実際にはそうでもない。 | 彼の後ろ姿にはどことなく風格を感じる。 | 彼女にはどことなく悪いイメージがつきまとっている。 | 明日はきっといい日になると願いながら毎日眠りにつく。 |

## 文章イメージ化トレーニング③

次の短文を一つのイメージに変換して頭に浮かべてください（目標：1文につき5秒以内）。

| | | | | |
|---|---|---|---|---|
| 長い付き合いだが彼女の本当の性格はよく分からない。 | 朝の神社の境内は空気が澄んでいて神聖な感じがする。 | 1年後の大きな目標に向かって毎日努力を続けている。 | 私の夢は幸せな家庭を持つことだ。 | 飽きっぽい性格を変えたいので何か夢中になれるものを見つけたい。 |

## 文章イメージ化トレーニング④

次の短文を一つのイメージに変換して頭に浮かべてください（目標：1文につき5秒以内）。

後ろの席の上司から無言のプレッシャーを感じる。

サッカー日本代表の試合が緊迫の度を増した。

こんなに親切にされるなんて夢にも思わなかった。

会場が重苦しい空気に包まれた。

彼が悲しみをこらえて無理に笑顔をつくっているのが分かってつらい。

## 文章イメージ化トレーニング⑤

次の短文を一つのイメージに変換して頭に浮かべてください（目標：1文につき5秒以内）。

| | | | | |
|---|---|---|---|---|
| こんなものに興味があったなんて今では信じられない。 | 音楽や絵画などの芸術には国境はないと思う。 | 間違った努力をいくらしてもゴールは遠くなるだけだ。 | 本屋に入るとすぐにトイレに行きたくなった。 | 英語がペラペラの友人のことをいつもうらやましく思う。 |

第4章

## 文章イメージ化トレーニング⑥

次の短文を一つのイメージに変換して頭に浮かべてください（目標：1文につき5秒以内）。

| |
|---|
| 頭はクールにハートは熱く。 |
| 負けた経験が将来きっと大きな財産になる。 |
| 終わったものはくよくよ考えても仕方がない。 |
| 大切なのは、疑問を持ち続けることだ。 |
| 今後のことなんかは、ぐっすりと眠り忘れてしまうことだ。 |

# 文章イメージ化トレーニング⑦

次の短文を一つのイメージに変換して頭に浮かべてください（目標：1文につき5秒以内）。

強い者が勝つのではなく勝った者が強いのだ。

努力する人は希望を語り、怠ける人は不満を語る。

休息とは回復であり、何もしないことではない。

小さいことを積み重ねるのが、とんでもないところへ行くただ一つの道である。

「ありがとう」。本当に心がこもっていれば、その一言だけで他の言葉は必要ない。

## 文章イメージ化トレーニング⑧

次の短文を一つのイメージに変換して頭に浮かべてください（目標：1文につき5秒以内）。

| | | | | |
|---|---|---|---|---|
| 時には常識や知識から解放され、思いつきというものを大切にしてみてはどうだろう。 | 自分が幸せかどうかは、自分で決めるしかない。 | 勇気は筋肉と同じで、使うことによって鍛えられます。 | いつか、必ず、チャンスの順番が来ると信じよう。 | 想像力さえあれば、無限の力を発揮できる。 |

## 文章イメージ化トレーニング⑨

次の短文を一つのイメージに変換して頭に浮かべてください（目標：1文につき5秒以内）。

| | | | | |
|---|---|---|---|---|
| 6歳の子供に説明できなければ、理解したとは言えない。 | 私が目指すのは球が向かう先であって、それがあった場所ではない。 | 不幸と思わなければこの世に不幸なんてひとつもない。 | シンプルであることは、複雑であることよりも難しい。 | 期待するよりも感謝するようにすると人生は大きく変わる。 |

第4章

## 文章イメージ化トレーニング⑩

次の短文を一つのイメージに変換して頭に浮かべてください（目標：1文につき5秒以内）。

| |
|---|
| 女性は愚痴や悪口を言って、上手にストレスを発散している。 |
| 挫折を経験した事がない者は、何も新しい事に挑戦したことが無いということだ。 |
| 人生は謎めいていて、驚きに満ちている。一歩先は全く分からない。 |
| 一見して馬鹿げていないアイデアは、見込みがない。 |
| 悪くなったのは自分のせい、良くなったのは他人のおかげ。 |

第 5 章

# イメージドリブン読書 〝見るだけ〟トレーニング③ [ 図式化 ]

この章の目的は本の中で伝えられている情報に対して、それぞれの関係性をできるだけ速く捉え、かつスムーズにイメージ化できるようになることです。

最初の「関係性イメージ化トレーニングＰａｒｔ１、２」は情報の分類が素早くできるようにする練習です。たくさんの情報をまとめて、その関連性にタグをつけることにより情報の圧縮が効率よく行えるようになります。また、本のページのようにキーワードをランダムに配置しました。これの意図は実際の本のページを俯瞰《ふかん》して見られるようにすることです。

次の「関係性イメージ化トレーニングＰａｒｔ３」は共通項を探すスピードを養うトレーニングです。これは関係性把握のスピードを高めることが狙いです。そして次のＰａｒｔ４のトレーニングの基礎練習でもあります。

最後の「関係性イメージ化トレーニングＰａｒｔ４」は連想力を鍛えるのが目的です。これをトレーニングすることによって抽象化思考が養われます。抽象化思考が向上すると、本から吸収できる情報が何倍にもなります。

イメージドリブン脳にしつけるのが目的なので一度で完璧である必要はありません。従って本書を一度読み終わった後も繰り返し練習することをおすすめします。

## 関係性イメージ化トレーニング Part1／①

これらはある2つの言葉から連想した単語がランダムに並んだものです。その2つの言葉とは何と何でしょう。答えは次のページの下部にあります。

自由の女神

スポンジ

結婚式

生クリーム

ホットドッグ

ドル

ロウソク

大統領

## 関係性イメージ化トレーニング Part1／②

これらはある2つの言葉から連想した単語がランダムに並んだものです。その2つの言葉とは何と何でしょう。答えは次のページの下部にあります。

星

姓名

レトルト

スパイス

血液型

インド

手相

うどん

---

ケーキ　アメリカ合衆国

## 関係性イメージ化トレーニング Part1／③

これらはある2つの言葉から連想した単語がランダムに並んだものです。その2つの言葉とは何と何でしょう。答えは次のページの下部にあります。

曇り

黄色

瓶

サワー

窓

スライス

酸味

強化

第5章

占い　カレー

## 関係性イメージ化トレーニング Part1／④

これらはある2つの言葉から連想した単語がランダムに並んだものです。その2つの言葉とは何と何でしょう。答えは次のページの下部にあります。

インスタント

透明

燃える

みそ

トランプ

宝石

しょうゆ

塩

---

ガラス　　レモン

## 関係性イメージ化トレーニング Part1／⑤

これらはある2つの言葉から連想した単語がランダムに並んだものです。その2つの言葉とは何と何でしょう。答えは次のページの下部にあります。

イレブン

粉

ボール

山

ゴール

パス

メダル

歯

ラーメン　ダイヤモンド

## 関係性イメージ化トレーニング Part2／①

これらはある3つの言葉から連想した単語がランダムに並んだものです。その3つの言葉とは何でしょう。答えは次のページの下部にあります。

あいこ

サラダ

メロン

粉

ゴマ

ハサミ

カレー

紙

オリーブ

マッサージ

フランス

石

---

金　サッカー

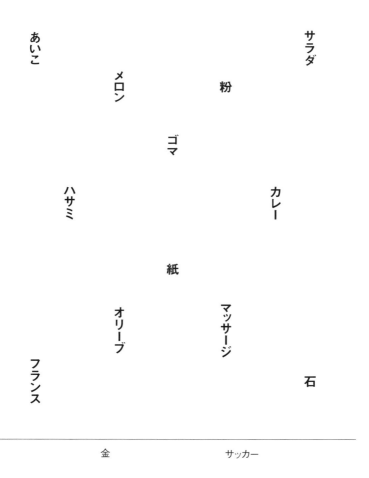

## 関係性イメージ化トレーニング Part2／②

これらはある3つの言葉から連想した単語がランダムに並んだものです。その3つの言葉とは何でしょう。答えは次のページの下部にあります。

スケート

大豆

うさぎ

キューブ

南極

かぐや姫

にがり

豆乳

十五夜

木綿

衛星

砂糖

---

オイル（油）　じゃんけん　パン

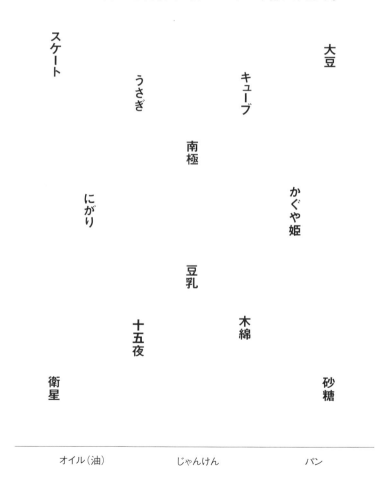

## 関係性イメージ化トレーニング Part2／③

これらはある3つの言葉から連想した単語がランダムに並んだものです。その3つの言葉とは何でしょう。答えは次のページの下部にあります。

ポタージュ

交通安全

化粧

床

雨

靴

カレー

コンソメ

蛇口

炭酸

会

カップ

月　氷　豆腐

## 関係性イメージ化トレーニング Part2／④

これらはある3つの言葉から連想した単語がランダムに並んだものです。その3つの言葉とは何でしょう。答えは次のページの下部にあります。

カミナリ

テレビ

鬼

信号

トランプ

海

カブ

センター

オンライン

トンボ

クラウド

イワシ

スープ　運動　水

## 関係性イメージ化トレーニング Part2／⑤

これらはある3つの言葉から連想した単語がランダムに並んだものです。その3つの言葉とは何でしょう。答えは次のページの下部にあります。

カカオ

薬

ホワイト

相撲

バレンタイン

馬

腕

親

ケーキ

人形

百人

不足

ゲーム　雲　赤

第
5
章

指　　力　　チョコレート

## 関係性イメージ化トレーニング Part3／①

それぞれ2つの言葉の共通点を探してください。主観で構いません。
(例)「地球」「トマト」…丸い　「切手」「タイル」…貼る

| | |
|---|---|
| ラーメン | アイロン |
| インターホン | バイオリン |
| わり箸 | ログハウス |
| 工事 | 野球 |
| コーヒー | ゴーヤ |
| イチゴ | トウガラシ |
| マスク | 口紅 |
| ワイン | 牛乳 |
| ネジ | 扉 |
| 風車 | タイヤ |

## 関係性イメージ化トレーニング Part3／②

それぞれ2つの言葉の共通点を探してください。主観で構いません。

| | |
|---|---|
| バット | ハンドル |
| 新幹線 | レーシングカー |
| はちみつ | ケーキ |
| 鉄アレイ | 力士 |
| 塩 | 雪 |
| 電池 | ちくわ |
| 包丁 | 日本刀 |
| サイコロ | 豆腐 |
| ハンマー | 太鼓 |
| 黒板 | 跳び箱 |

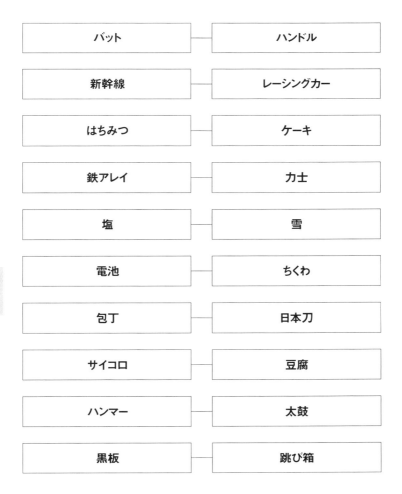

## 関係性イメージ化トレーニング Part3／③

それぞれ2つの言葉の共通点を探してください。主観で構いません。

| | |
|---|---|
| 麺棒 | 物干し竿 |
| 羽毛 | ティッシュペーパー |
| やり | ブーメラン |
| お餅 | ガム |
| キムチ | カレー |
| カツオ | アジ |
| 紙コップ | 国語辞典 |
| 桜 | 田植え |
| ホワイトボード | 便せん |
| 山 | 遊園地 |

## 関係性イメージ化トレーニング Part3 ／④

それぞれ2つの言葉の共通点を探してください。主観で構いません。

| | |
|---|---|
| サイ | シカ |
| コンクリート | プリン |
| 冷ややっこ | アイスクリーム |
| みそ | きな粉 |
| 香水 | 花 |
| 紙やすり | 砂壁 |
| こたつ | 正月 |
| ネクタイ | 靴 |
| ドーナツ | 指輪 |
| サボテン | 栗 |

## 関係性イメージ化トレーニング Part3／⑤

それぞれ2つの言葉の共通点を探してください。主観で構いません。

| | |
|---|---|
| スプーン | 100円玉 |
| 賞状 | 本 |
| ボタン | はんこ |
| 毒蛇 | 崖 |
| 日本酒 | せんべい |
| 雪だるま | チョコレート |
| 安全 | 健康 |
| ゴルフ | 卓球 |
| 万年筆 | 筆 |
| 風船 | 胃 |

# 関係性イメージ化トレーニング Part3／⑥

それぞれ2つの言葉の共通点を探してください。主観で構いません。

| | |
|---|---|
| 汗 | 血液 |
| 群馬 | 熊本 |
| フライパン | 砲丸 |
| ガラス | ペットボトル |
| そろばん | 防弾ガラス |
| 星 | 宝石 |
| ピラミッド | 囲碁 |
| 日本 | フィリピン |
| 紅葉 | 運動会 |
| 掃除機 | タバコ |

## 関係性イメージ化トレーニング Part3／⑦

それぞれ2つの言葉の共通点を探してください。主観で構いません。

| | |
|---|---|
| 抹茶 | 小麦粉 |
| 柔道 | 茶の湯 |
| 空気 | 香り |
| メジャー | 体温計 |
| バラ | ヒマワリ |
| 風 | シャボン玉 |
| ピザ | うどん |
| ゴム | トランポリン |
| ぞうきん | 果汁 |
| チーズ | しょうゆ |

## 関係性イメージ化トレーニング Part3／⑧

それぞれ2つの言葉の共通点を探してください。主観で構いません。

| | |
|---|---|
| ワイン | エッフェル塔 |
| 海 | 空 |
| 雑誌 | おにぎり |
| 長野 | 山梨 |
| 綿 | マシュマロ |
| ビール | パン |
| ガス | ニンニク |
| 点滴 | レントゲン |
| 花火 | スイカ |
| くぎ | 針金 |

## 関係性イメージ化トレーニング Part3／⑨

それぞれ2つの言葉の共通点を探してください。主観で構いません。

| | |
|---|---|
| ヨット | 風車 |
| ピーマン | エメラルド |
| 海苔 | 炭 |
| 山芋 | 納豆 |
| バナナ | レモン |
| 焼き鳥 | すき焼き |
| 蝶 | ヘリコプター |
| サソリ | スズメバチ |
| ピアノ | ドラム |
| 注射 | 串 |

# 関係性イメージ化トレーニング Part3／⑩

それぞれ2つの言葉の共通点を探してください。主観で構いません。

| | | |
|---|---|---|
| シマウマ | ― | シャチ |
| ビール | ― | ソーセージ |
| 梅干し | ― | ビタミンC |
| どら焼き | ― | 大福 |
| ウィンカー | ― | ふみきり |
| 鉄板 | ― | ダイヤモンド |
| 氷 | ― | ワックス |
| パラシュート | ― | 隕石 |
| なわとび | ― | ホース |
| ジョギング | ― | 水泳 |

第5章

# 関係性イメージ化トレーニング Part4／①

各列それぞれスタートの言葉から連想する言葉をゴールまでつなげてください（○といったら△、△といったら□、というように）。

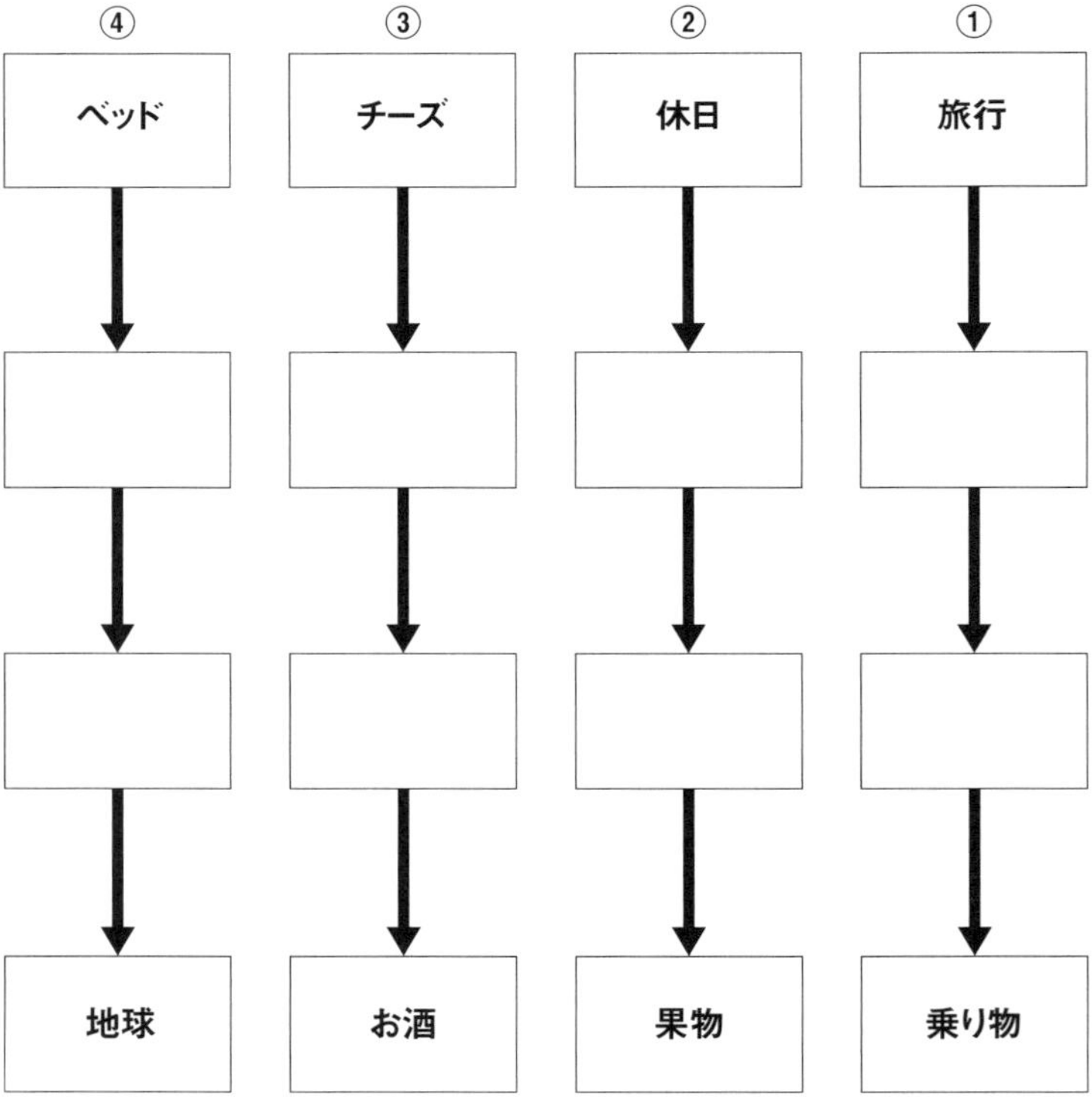

# 関係性イメージ化トレーニング Part4／②

各列それぞれスタートの言葉から連想する言葉をゴールまでつなげてください（◯といったら△、△といったら□、というように）。

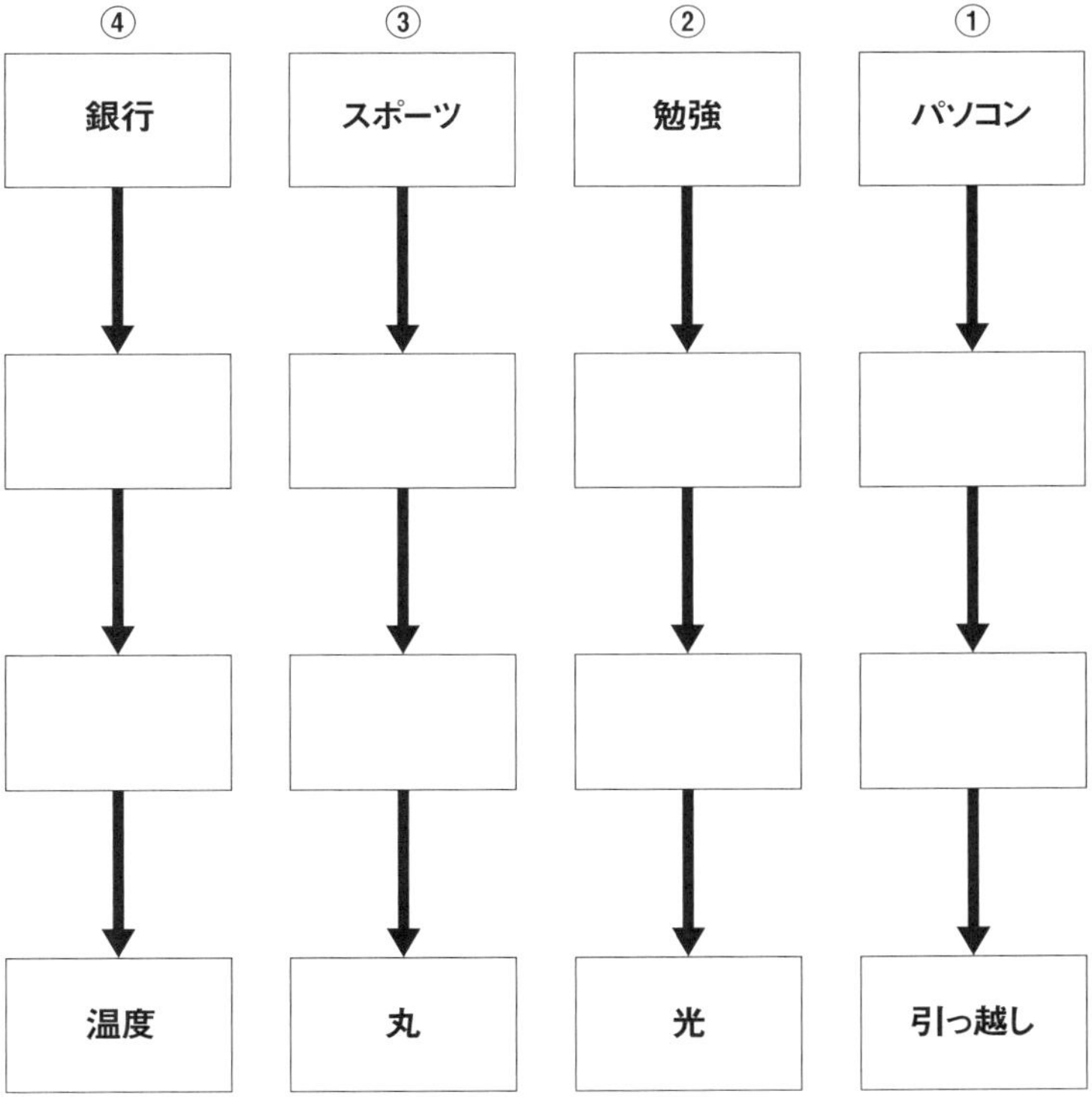

# 関係性イメージ化トレーニング Part4／③

各列それぞれスタートの言葉から連想する言葉をゴールまでつなげてください（○といったら△、△といったら□、というように）。

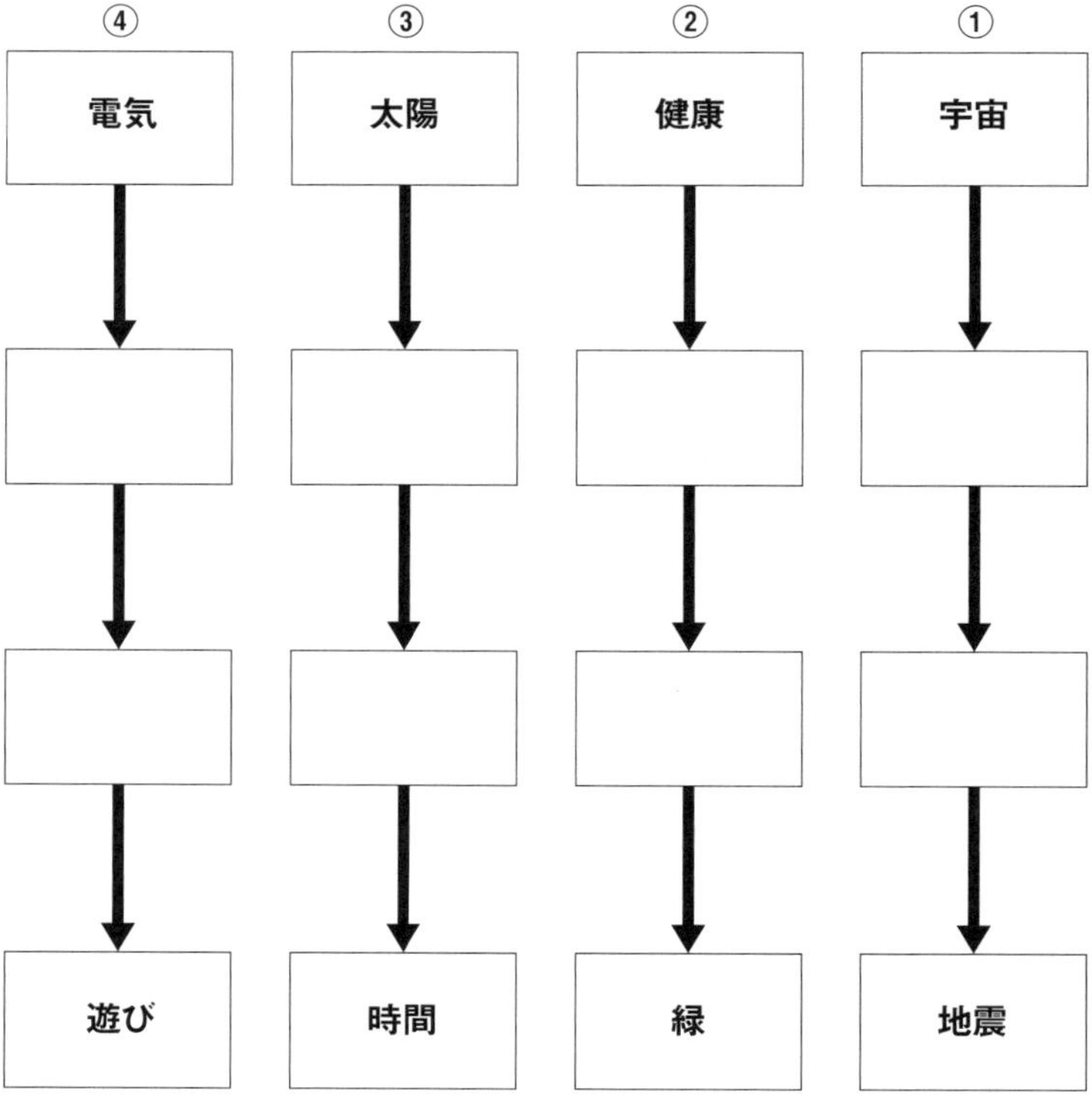

## 関係性イメージ化トレーニング Part4／④

各列それぞれスタートの言葉から連想する言葉をゴールまでつなげてください（◯といったら△、△といったら□、というように）。

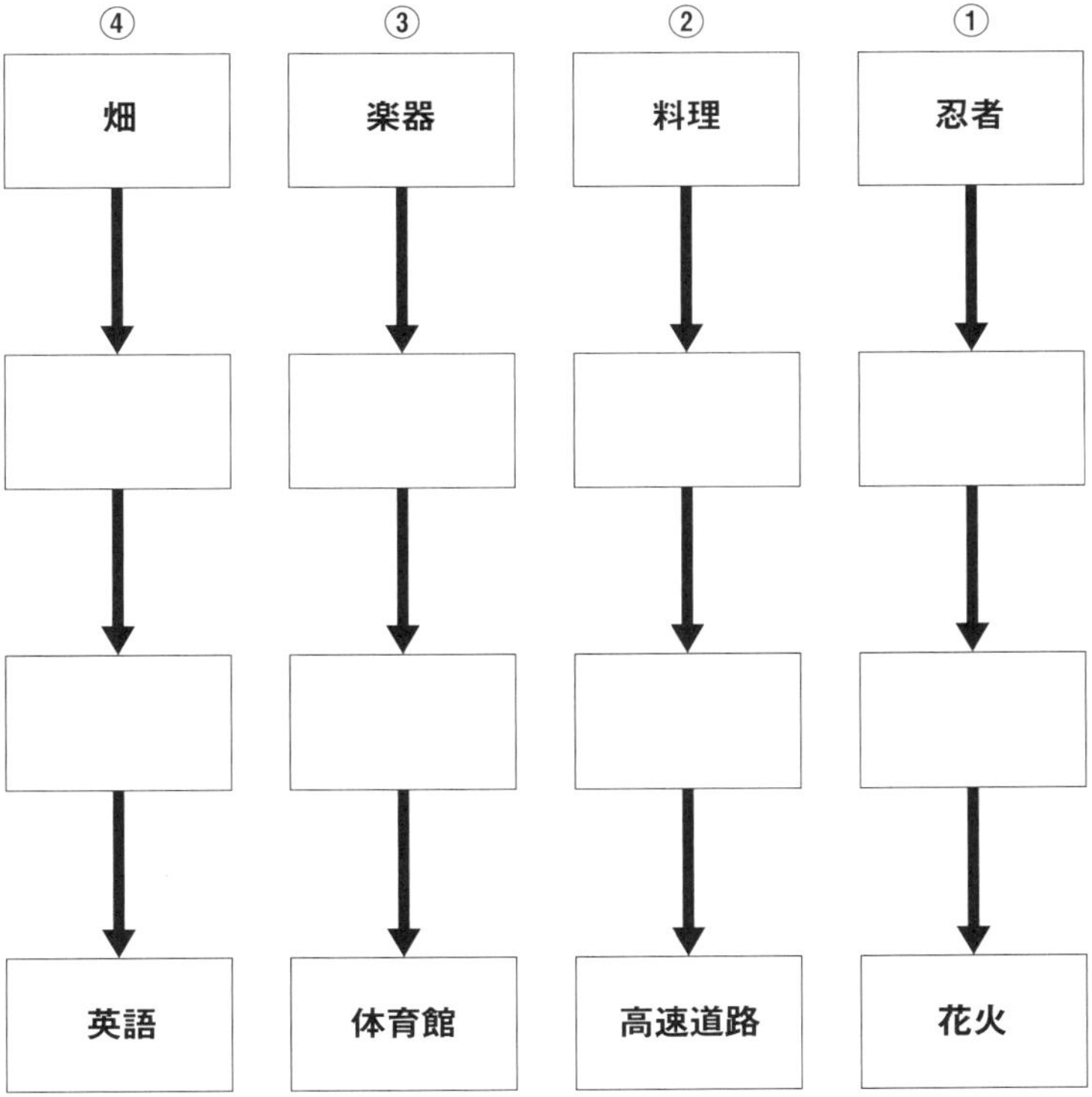

## 関係性イメージ化トレーニング Part4／⑤

各列それぞれスタートの言葉から連想する言葉をゴールまでつなげてください（○といったら△、△といったら□、というように）。

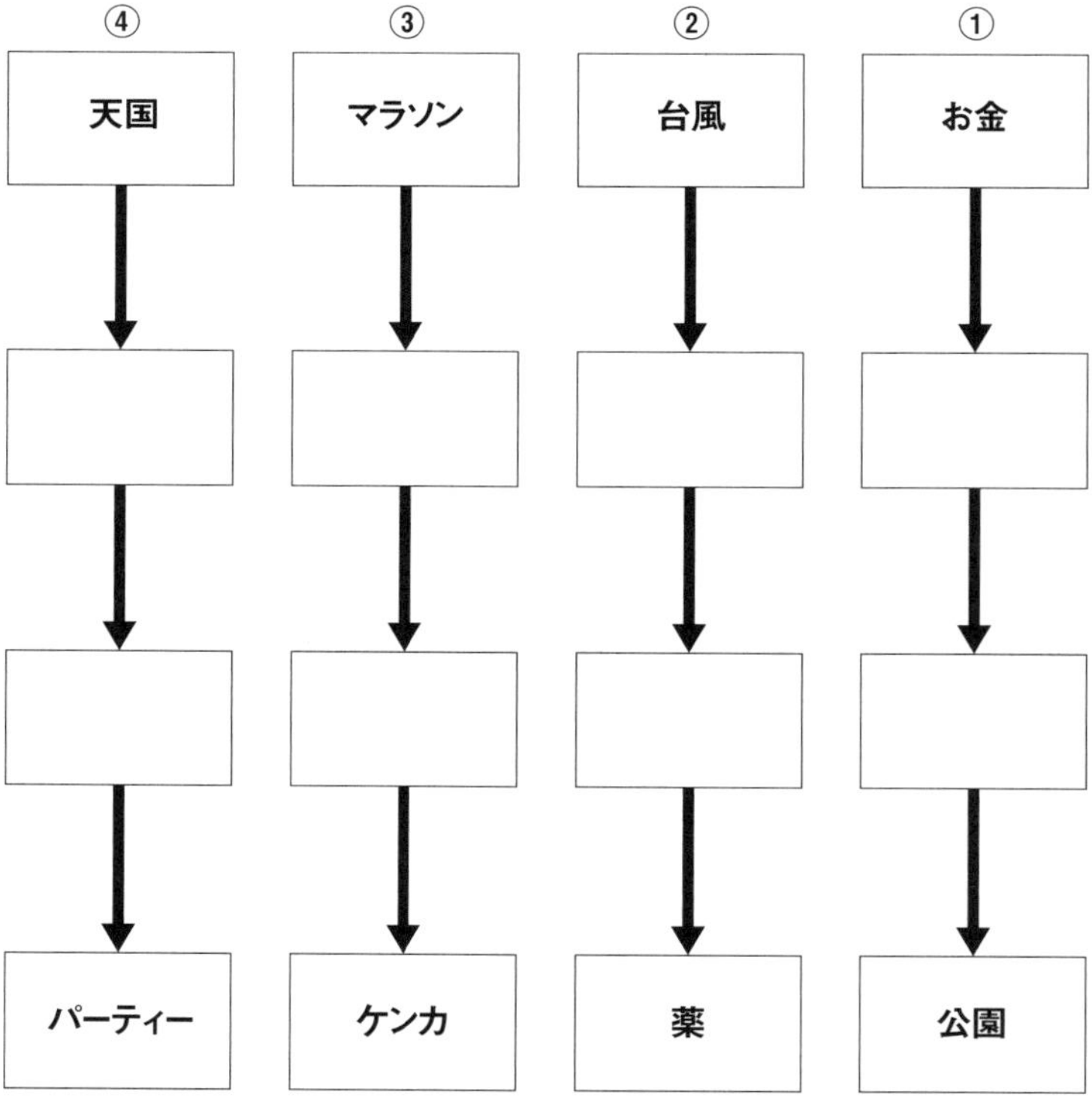

# 関係性イメージ化トレーニング Part4／⑥

各列それぞれスタートの言葉から連想する言葉をゴールまでつなげてください（◯といったら△、△といったら□、というように）。

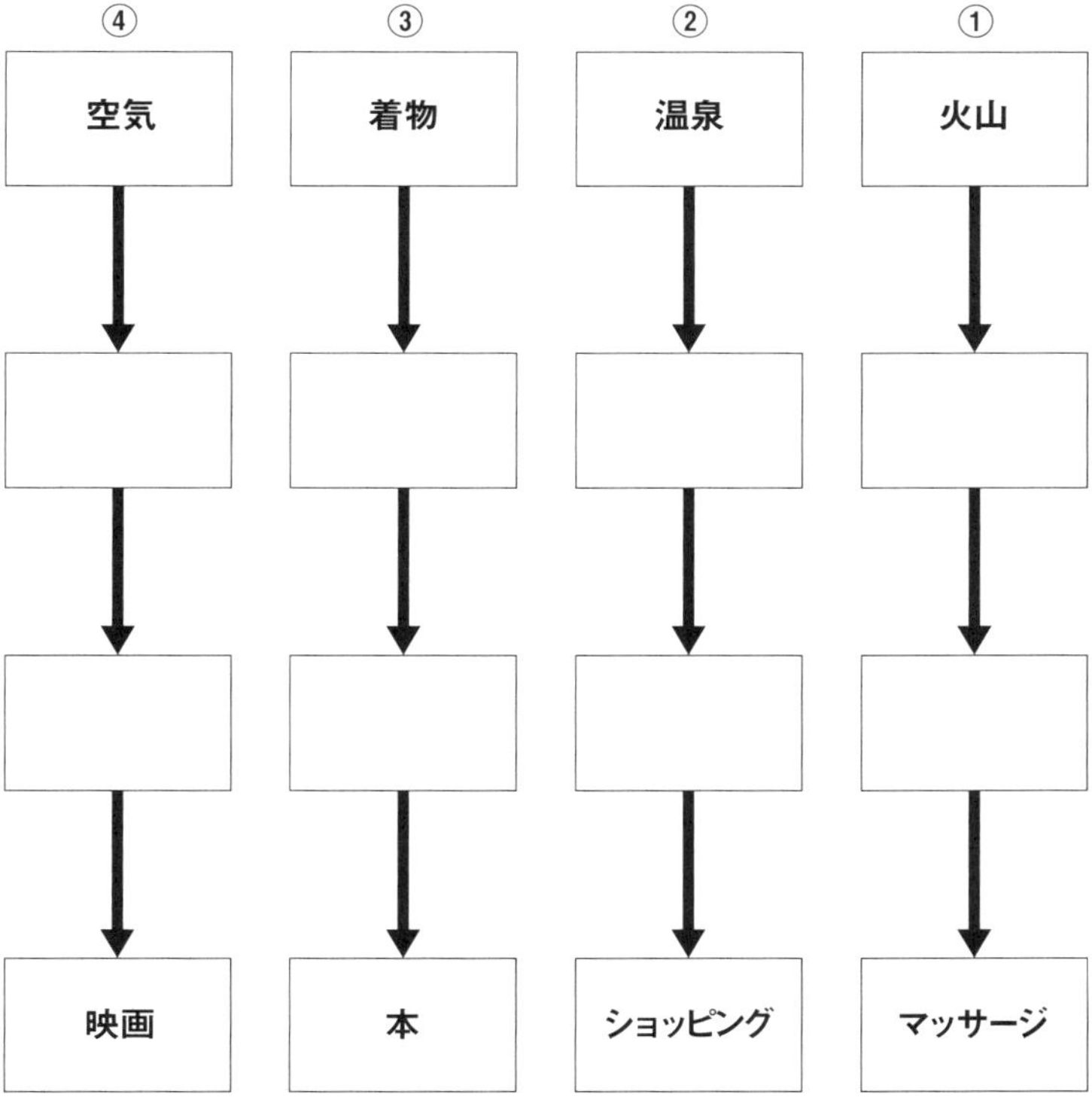

## 関係性イメージ化トレーニング Part4／⑦

各列それぞれスタートの言葉から連想する言葉をゴールまでつなげてください（○といったら△、△といったら□、というように）。

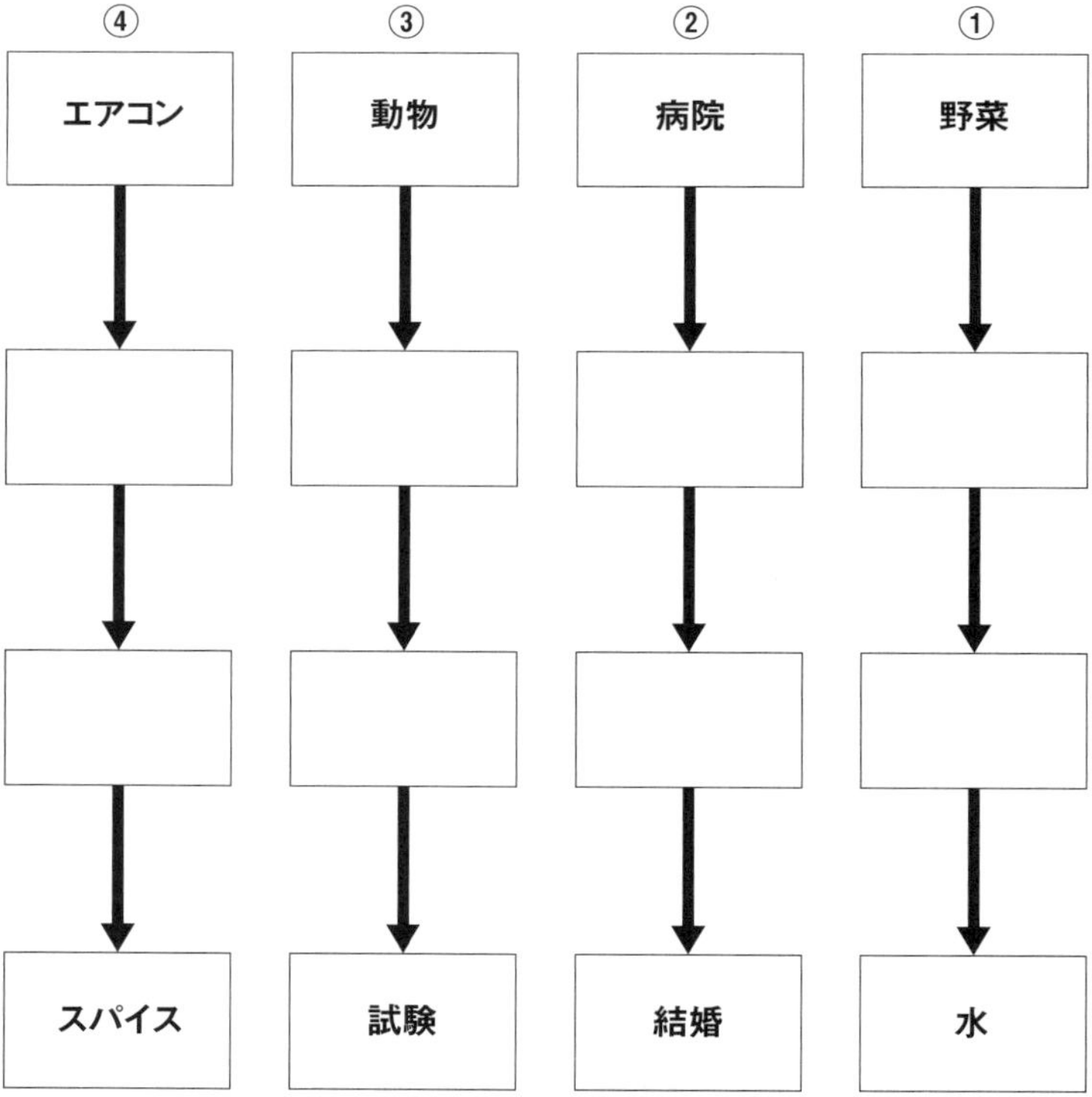

# 関係性イメージ化トレーニング Part4／⑧

各列それぞれスタートの言葉から連想する言葉をゴールまでつなげてください（◯といったら△、△といったら□、というように）。

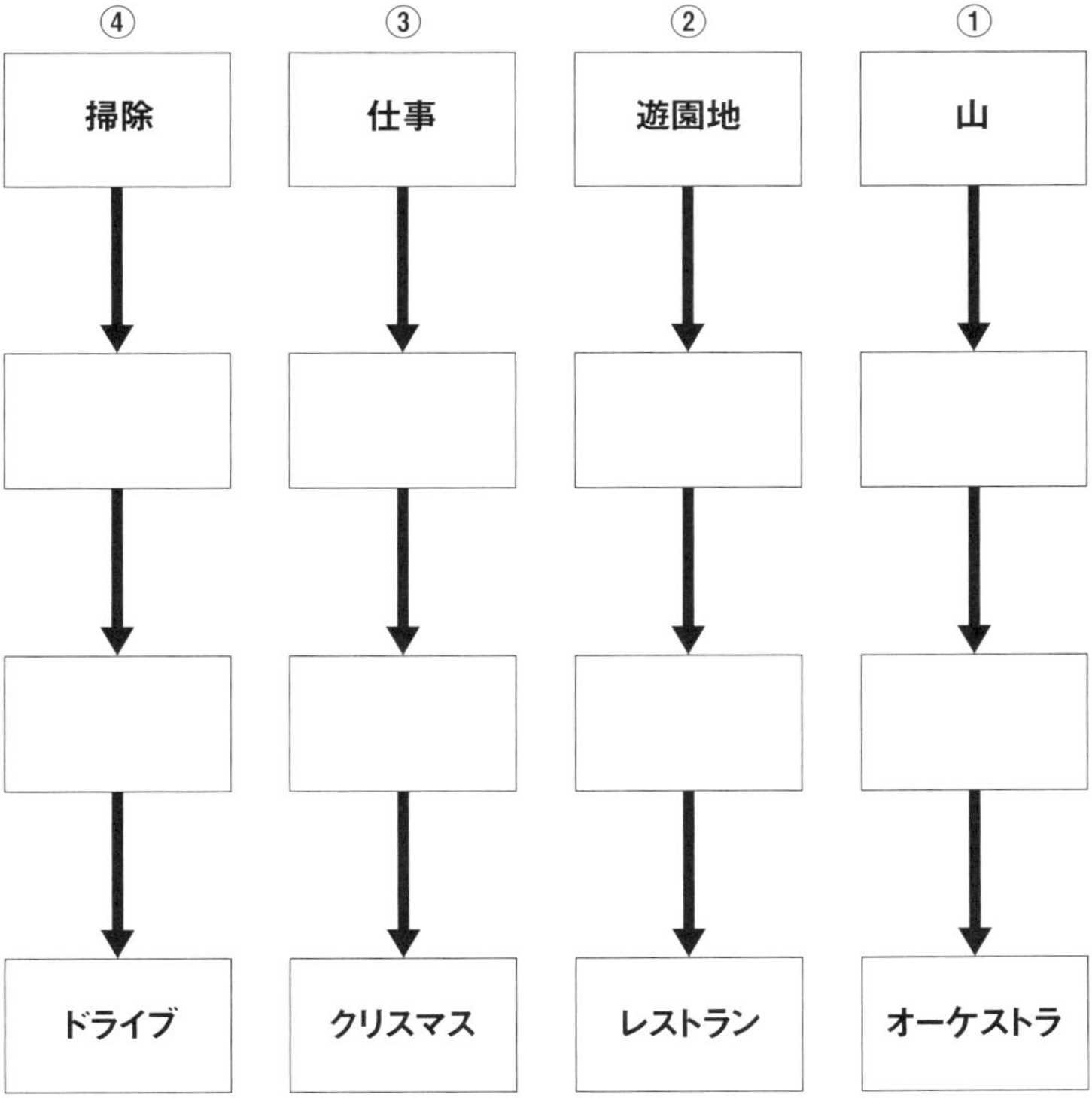

## 関係性イメージ化トレーニング Part4／⑨

各列それぞれスタートの言葉から連想する言葉をゴールまでつなげてください（◯といったら△、△といったら□、というように）。

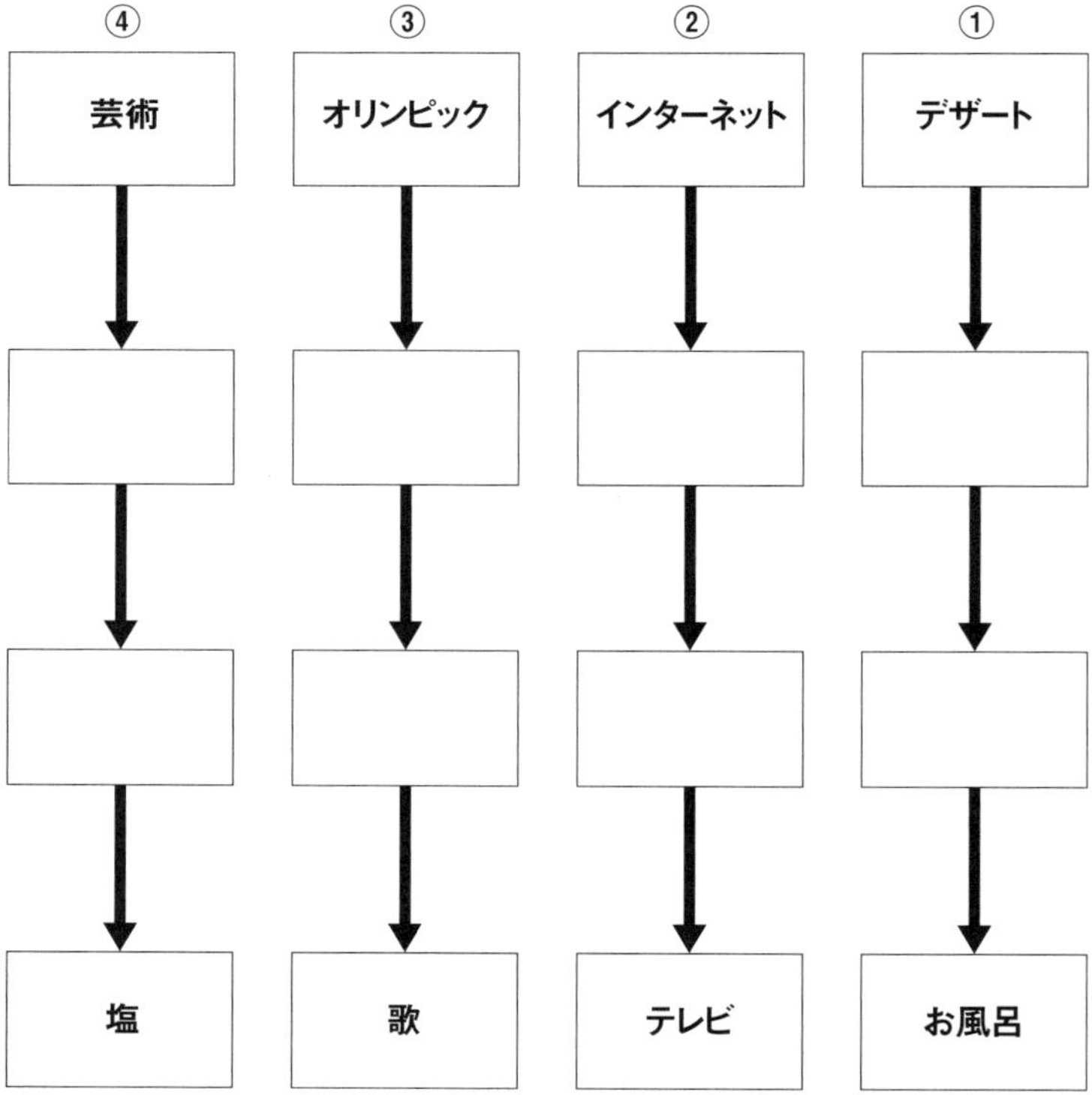

# 関係性イメージ化トレーニング Part4／⑩

各列それぞれスタートの言葉から連想する言葉をゴールまでつなげてください（◯といったら△、△といったら□、というように）。

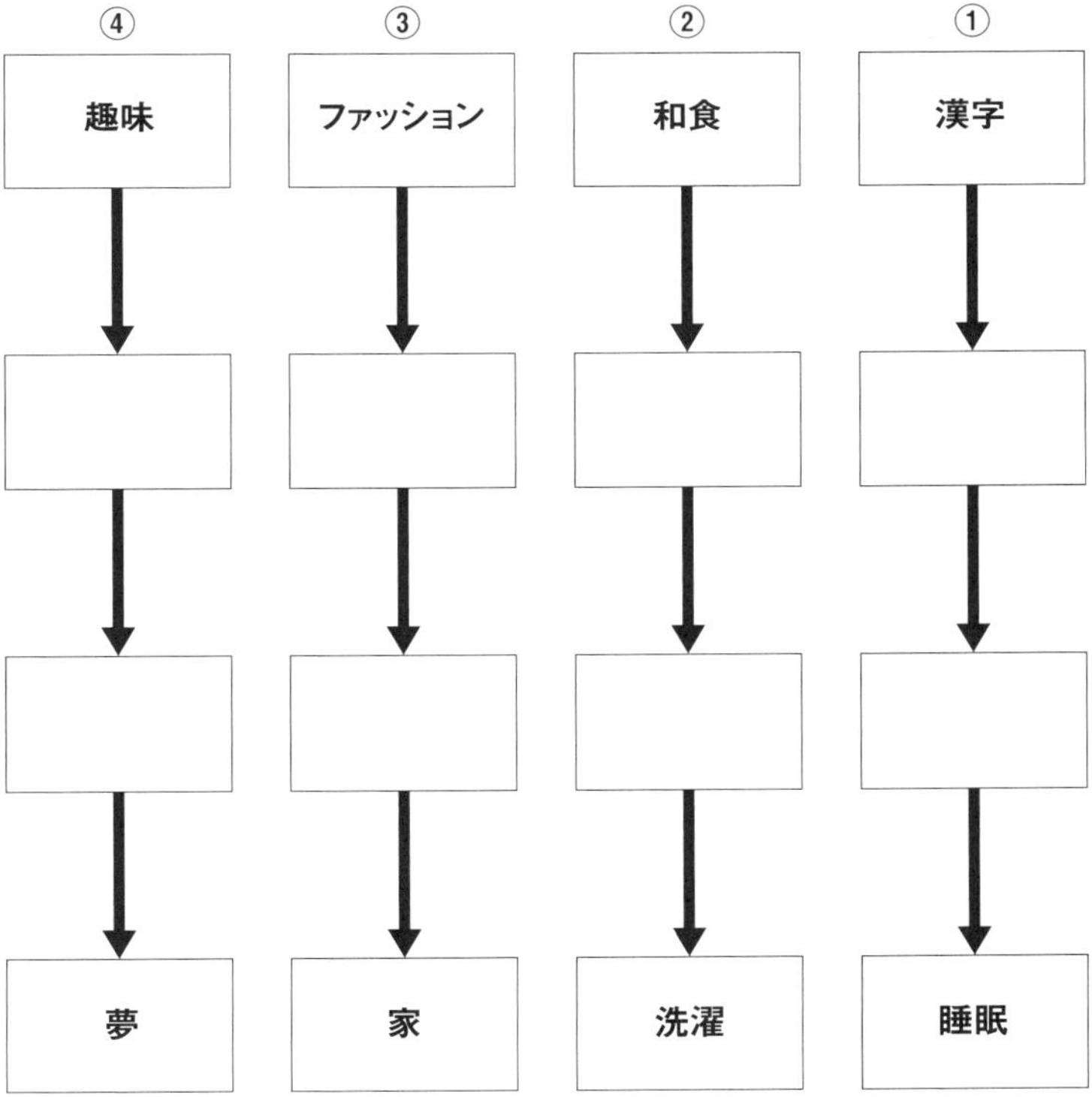

第6章

# イメージドリブン読書
# ［実践編］

ここまではイメージドリブン読書法の理論とトレーニングについて説明してきました。それらを踏まえてここからは実際に本を読んでいくときのガイドとなるべき具体的な読み進め方をいくつか紹介していきます。

イメージドリブン読書法のＯＳはイメージ化です。そのイメージとははっきりと見えるイメージとカタチは見えないイメージの２通り、またそれら見えるイメージと見えないイメージの関係性をさらにイメージ化する図式化もありました。

この３種類のイメージを瞬間的に見ながら、または感じ取りながら進んでいきます。そのイメージ化した情報は自動的にイメージクラウドに取り込まれていきます。

このメカニズムが基本の進め方になるのは変わりませんが、**その時の状況ごとに意識や時間や環境など、いくつかの要因を加えることでさらに効果を上げることができます。**まさに鬼に金棒というわけです。

**ここで紹介していく概念もこれまで同様、脳科学や心理学に基づいたものになります。**

すべて取り入れてもらっても、もちろん構わないのですが、状況に応じて自分にマッチするものをいくつかピックアップして行っても構いません。

そしてそこから自分なりのカスタマイズができればさらに最高です。

## ［実践編①］妄想ドリブン読み
## ――自分の理想の姿にココロ躍らせながら読む

### アタマを冴えわたらせる「カクテルパーティー効果」とは何か？

潜在意識なんて言葉を聞くと何となくうさんくさいようなイメージを持つ人もいるでしょうが、実は誰しも毎日この潜在意識、または潜在記憶を利用して暮らしています。

無意識のうちにこの潜在意識を利用することで、毎回意思決定に悩むことなくスムーズに行動することができるのです。

例えば皆さんが毎日朝起きてから学校や会社に出かけるまでの間は、だいたい同じ行動をとると思いますが、それぞれの行動のたびに次は何をしよう、次はこれをしようなどとは考えないはずです。意識して選択しなくても、何も考えずに自然に行動は決まってくるのではないでしょうか。これも潜在意識のなせる技なのです。

無意識が導く心理学的な現象は他にもあります。ある状態や状況により脳のアンテナのスイッチが入ることがあります。心理学用語で言う**「カクテルパーティー効果」**と呼ばれる現象などもそれに当たります。

「カクテルパーティー効果」とはパーティーなどのざわついた会場で、たくさんの人たちがそれぞれに雑談している中でも、会話中に自分の名前などが出たときや、自分にとって重要と思われる言葉が出たときには、他の情報は遮断されて、それらを自然と聞き取ることができる現象のことをいいます。

つまり自分が興味関心を持つ情報に対して脳は敏感であるということです。

自分が興味関心のある情報とは言い換えれば、他人事の反対、自分に関する情報、いわば「自分事」です。**自分事に関する情報に対して選択的注意が働くというわけです。**

たぶん皆さんも経験があると思うのですが、あることに興味が湧いた途端、インターネットで流れている大量の情報の中でもなぜか関連する記事が特に目に入ったり、書店に入ったときなども、関連書籍がぱっと目についたりすることがよくあります。

これらも実は脳の中の潜在記憶が反応しているからこそ注意がそこにフォーカスされて起こる現象なのです。興味があるということは間接的に脳が「それを探す」という命令を受け取ったので、脳のアンテナがそれをターゲットと認識してまるで誘導ミサイルのごとく追跡したというわけです。

## 脳を「誘導ミサイル」にしてしまう

これを読書にも応用すればより効率の良い読み方ができるとは思いませんか。

**読書の時も脳に今の自分にとってこういう情報が必要だという命令を伝えればよいのです。**それにより脳は誘導ミサイルとなって優先的に重要な箇所をページの中からターゲットとして浮かび上がらせてくれるのです。そこで脳に自分が求めている情報を分からせるために脳の性質をここでも利用すればよいのです。

第1章で脳は文字や文章による情報や知識を覚えるのは苦手だという話をしました。

一説によると、脳は一日のうちに数万回もの思考をしているそうです。そんな中、ただでさえ苦手な文字を受け付けてくれるとは思えません。

脳の思考において親和性が高いのはやはり「イメージ」なのです。潜在記憶とするわけですからやはりここでもイメージの力を借りることになります。

では本を読み始める前にどんなことをイメージすればよいのか。それは**「この本を読み終わったときに自分がどうなりたいか」というイメージ**です。

あれもこれもとたくさんイメージを作ろうとしても意味はありません。かえって脳は混乱してしまいます。脳は優秀なので最終的にどうなりたいかを分からせてあげさえすればそこから逆算して必要な情報を自然に選択してくれるのです。

そして重要なのは「感情」も利用してより潜在記憶を強めたいのです。**そこで頭にイメージを浮かべる際に同時にそれが実現した時の気分も想像して味わうとより効果的です。**

このイメージングの手順としては、何かの情報ですでにその本がもたらしてくれそうなことを知っている場合はそのままイメージングすればＯＫです。それがない場合は「タイトルと帯」「著者のプロフィール」「はじめに」「目次」の４点だけ読んだ後イメージングをします。

この４つにその本の主張はほぼ集約されています。この過程を経ただけで自分に必要な本であれば、これを読んだらこんなことができるようになるのではないかとか、こういう自分になることができるのではなど、自然とイメージが浮かんでくるはずです。

逆にいうと、そこで何も浮かんでこないようであればもしかするとその本は今のあなたには必要ないということを暗示しているのかもしれません。

できるだけ感情を動かして読み終わった後の自分をイメージしてみる。それが脳の誘導ミサイルの点火スイッチをＯＮにしてくれるというわけです。

## ［実践編②］寝る前2時間ゴールデンタイム読み
### ――10倍記憶にしみ込む時間帯がある

### 脳のパフォーマンスUPのヒントは、原始時代にある

これまでも何度か言ってきましたが、読書という行為にはかなりの集中力を要します。

エンターテインメント系の小説であれば話の面白さが求心力となるのでそれほど集中力の必要性は感じないかもしれませんが、実用書やビジネス書の場合、特にその内容を自分の中に取り込もうという目的の読書であるならば、集中力は欠かせない要素です。

集中力が高い状態のときを読書の時間に充てれば、読書の生産性を高めることができます。集中力が高い状態というのは言い換えると、頭の働きが良い、脳のパフォーマンスのレベルが高い状態とも言えるのではないでしょうか。

この脳のパフォーマンスですが、一日の中において、そのレベルは実は一定ではありま

せん。パフォーマンスが高い、低い、という状態を波のように繰り返しているのです。

第1章でお伝えしたように、脳という器官は体積が体全体に比べて小さいにもかかわらず非常にエネルギーを消費する器官なのです。脳の重さは体重のおよそ2％でしかないにもかかわらず、使うエネルギーは体全体のおよそ25％も消費されるのです。そのため、オーバーフローになるのを防ぐためになるべく働かないように省エネモードにできているのです。

ではどういう条件で脳のパフォーマンスは上がるのでしょう。実はパフォーマンスを上げるためにあえて何かをする、というよりも**自然に脳のパフォーマンスが上がる条件がある**といった方が正しいかもしれません。

先ほど脳のパフォーマンスには好不調の波があると言いましたが、好調の時がいつなのかが分かればこれは願ってもないことです。そのタイミングに合わせて動けばいいだけだからです。

そのヒントは原始時代にあります。原始人の生活から脳が働く性質を読み取ることができるのです。原始時代において当時の人たちは現代に暮らす我々と比べ身の回りには生命の危険に関わる条件が多々存在していました。生き延びるために生命の危険に関わる情報に対しては非常に敏感だったはずです。

その中でも極めて重要だったのが食料の確保だったでしょう。飢餓状態を回避することが生活における優先事項であったのは間違いありません。

食料の確保が必要なときというのはつまり空腹のとき。空腹が食料確保に動く一つのサインだったのでしょう。そのタイミングで脳が一番働くような仕組みに必然的になっていったというわけです。

反対に食事により空腹が満たされれば脳は充足を感じて働きを低下させてしまうことになります。その脳のメカニズムが時を越えて我々の脳の中にも残っているのです。

**そうであれば、現代人の我々も食事というのを一つの目安として脳のパフォーマンスが高まる時間帯を割り出すことができることになります。**

朝食、昼食、夕食、これらを基準とするならば、早朝、午前中、夕方、就寝前という時間帯が浮かび上がってきます。

## 読書にいい時間は、AM、夕食前、就寝前

イメージドリブン読書もこの時間帯のいずれかの時間帯の中で行うことができれば合理的というわけです。**ただし注意が必要なのはそれぞれの時間帯にはそれぞれ性格があると**

**いうことです。**

例えば早朝であれば、いくら食事の前とはいえ、やはり起き抜けということもあり、脳の働きはまだ万全ということにはなりません。パフォーマンスも他の時間帯に比べれば落ちます。

次に**午前中ですがこの時間帯が一日の中で最も頭の働きがよくなる時間帯となります。できるならこの時間帯での読書はおすすめです。**

昼食を取ると、前に紹介したように脳は充足を感じてその働きを低下させます。そしてこの状態はしばらく続きます。

その後、午後4時あたりからまた脳の働きがよくなり始め、夕食の時間まで続きます。夕食の直後もやはりダウンしますので夕食直後の読書も能率が悪く、あまりおすすめできません。

一日の最後は**就寝前の1~2時間という時間帯**です。この時間帯は少し特殊な時間帯といえそうです。それは脳の働きの中でも特に記憶という機能で考えると**「ゴールデンタイム」**と呼ばれるほどの最適な時間帯だからです。記憶が脳の中に定着するためには、睡眠は絶対に必要な工程なのです。

というのも睡眠中は昼間のうちに頭の中に入ってきた情報を、脳の記憶の司令塔である海馬が整理をする時間だからです。その整理作業の中で情報の整合性をとっているのです。

例えるならばバラバラの状態のジグソーパズルの一片一片を合わせてみてきちんとした絵になるように組み立て直していると考えると分かりやすいかもしれません。そこできちんとした絵となり整合性がとれた情報だけが記憶に定着されるというわけです。

そうだとするならば、だいぶ前に頭に入ってきた情報より、直前に入ってきた情報の方がすぐにその整理作業にとりかかることができるため記憶の定着には好都合なのです。

仮に夜の8時と午前の10時を比較したとすると、記憶効率だけを考えると10時間のタイムラグが発生することになります。

だから何かを覚えるという行為、例えば勉強でいえば暗記ものといわれるような科目の学習もこの時間帯を使うべきです。

同様にイメージドリブン読書法にとっても、この時間帯を利用することでさらに記憶の促進が期待できるというわけです。

今回紹介したそれぞれの時間帯の性質は一般論ですので多少の個人差はもちろん存在すると思います。それぞれの時間帯でご自身の読書のパフォーマンスがどう変わるのかを確認して自分にふさわしいゴールデンタイムを見つけてみてください。

## ［実践編③］ギリシャの哲人読み
## ――3000年前の知の巨人の知恵を借りて読む

### パルテノン神殿の意外な使い道

ここで紹介する方法は本文を読み終わってからのタイミングの作業になります。イメージドリブン読書法を使って読んだ効果をさらに倍増させるテクニックです。

**このテクニックを加えることで、より長期間内容を覚えておくことを可能にし、さらに全体を通した流れをすぐに思い出すことができるようになります。**

このテクニックを「ギリシャの哲人読み」と名付けました。かつて、古代ギリシャにおいて哲学者たちが神殿で行っていた演説方法にちなんだものです。

当時ギリシャの哲学者たちが、会場で話す内容を忘れずに漏れなく思い出すことができるように使っていたテクニックがあります。

彼らが使っていたテクニックもイメージを用いたものでした。話す原稿は当然自分で考えて作成された内容です。一字一句丸暗記などしなくても、いくつかに分かれた各項目に設けられたテーマさえ思い出すことができれば、それをきっかけに、スムーズに話が展開できるという仕組みです。

本が章で区切られているように、演説の内容もたいがいは全体のテーマから派生した小テーマにより分けられています。順番通りに並んでいるその小テーマを覚えておくことがこのテクニックのポイントです。

ここで簡単な例を挙げて、このテクニックのメカニズムを説明しましょう。仮に最初の話題のブロックのテーマは「心」、2番目のブロックのテーマが「争い」、3番目のテーマは「成長」、4番目のテーマが「富」、5番目のテーマは「学問」、そして最後6番目のテーマが「目標」だったとしましょう。

これらの抽象的な言葉を映像としてのイメージにまずは変換します。これは第4章でトレーニングをしてきた手法のことです。だから皆さんも割とこれはスムーズにイメージ化できるのではないでしょうか。

ちなみに私がこれらの言葉をイメージに変換するとすれば「心」は「ハートマーク」、「争い」は「剣」、「成長」は芽を出したばかりの「双葉」、「富」は「札束」、「学問」は「鉛筆」、「目標」はアーチェリーや射撃で使う「的」といったところでしょうか。もちろんこれがベストということではありません。ほんの一例です。

この6つのテーマをイメージ化した後、哲学者たちはどうしたか？

皆さんもギリシャのパルテノン神殿は何かの写真などで見たことがあると思います。外周に並んで配置されているあの柱が特徴的な建物です。

彼らはその柱一本一本に順番を決めて、番号をつけていたのです。この柱は1番、これは2番、というように。

そして話のテーマのイメージを順番通りにそこに貼り付けていったのです。貼り付けたとは、例えば1番目の柱にはハートマークを、2番目の柱には剣を、3番目の柱には双葉を、4番目の柱には札束を、5番目の柱には鉛筆を、6番目の柱には的を、といった具合に頭の中でそれぞれの柱にイメージを結びつけていったのです。

あらかじめ頭の中でこの想像の作業をしておくことで柱を記憶の外部記憶装置に変えてしまったというわけです。そして実際に演説が始まって、途中でそれぞれの柱を見ると、そこには貼り付けたイメージが見えるので、たとえ途中で次のテーマをど忘れしたとしても大丈夫ということなのです。

## 「忘れない読書」のコツは古代ギリシャに学べ

実はこの古代ギリシャのテクニックこそ記憶術の原点なのです。その仕組みとは「イメージ化」と「関連付け」です。すべての記憶術はこのメカニズムから派生したものです。これをイメージドリブン読書法にも応用するというわけです。

手順としては読書直後、まだ記憶がフレッシュな状態のときに行います。目次に戻って、章のタイトルをまずはイメージ化します。

イメージ化の方法は章のタイトルの中にあるキーワードをそのままイメージ化しても構いませんし、タイトルから連想して出てきたイメージでも構いません。まずはこれでイメージの準備はできました。

次にこれらを関連付けする「相手」を探さなければなりません。つまり先ほどの例でいうところの「柱」にあたるものです。章ごとに割り当てられている数字をそれにすることもできますが、おすすめしません。他の本との混同を避けるためです。そこで今回は違う方法で関連付けを行うことにします。

**何に関連付けるかといえば各章のイメージ同士です。**イメージ同士を鎖のように結びつけるのです。

その結びつけるために必要なのが「ストーリー」です。つまり各章でつくったイメージを一連のストーリーにしてしまうというわけです。ストーリーにしておけば、その後、本の内容を思い出すときに、話の流れに沿って目次を思い出せるという寸法です。

先ほどの「ハートマーク」「剣」「双葉」「札束」「鉛筆」「的」を使って試しにストーリーを作ってみます。

『ハートマークが描かれた袋を剣で切り裂くと、中にはたくさんの双葉が入っていた。それを売るとたくさんの札束を手にすることができた。もうけたお金を記録しておこうと鉛筆を手にしたが書き込むものが的しかなかったのでそこに書き込んだ。』

例えばこのようにイメージ同士を半ば強引に結びつけて話を作ってしまうのです。

そしてそのストーリーは言葉だけで理解しているだけではだめで、きちんとストーリーをイメージとして「見る」ことが記憶の定着には絶対に必要です。

こうしてできたストーリーのイメージは本文と同様、イメージクラウドに保管されます。ストーリーを思い出すことにより章ごとのテーマを検索できるようになります。いわば検索タグとなってその章の内容を頭の中から引き出すきっかけになってくれるのです。

皆さんもギリシャの哲人が使ったこのテクニックを身につけて読書の鉄人になってください。

## ［実践編④］Zipファイル読み

### ——情報をまとめれば、忘れない&いつでも取り出せる

### 14の情報も2つにまとめてしまえば簡単に覚えられる

皆さんが普段使っているZipファイル。情報（ファイル）が多すぎて、あるいは重すぎて人に送ることができない。どんな素晴らしい情報も人に伝達できなければ意味はありません。そんなときにZipファイル化すれば、人に送ることができて、圧縮した情報はいつでも取り出すことができます。

今回の**Zipファイル読みは最初のインプット時のインパクトを高めて記憶をさらに強化する読書法です。**

Zipファイル読みのキーワードは「**チャンキング**」です。チャンキングは第1章でも紹介したように「情報のかたまり」のことです。

例えば、次の言葉を覚えなければならないとすればどうでしょう。

「スマイザゴウトガリアンサナミ」

このままでは全く意味をなさない14文字のカタカナ文字です。しかしこれを逆さから読むという手段に気づくことで「みなさん」「ありがとうございます」という2つの情報に変えることができます。14の情報量を2つにすることができたわけです。

**このように記憶すべき情報がたくさんある場合に、それらをまとめてグループ化することにより、情報量の圧縮を図ることを「チャンキング」というのです。**当然何かを記憶する場合において情報量が少ない方が有利なのは言うまでもありません。

またこれは反対方向にも大変便利な作用を生み出します。反対方向とは思い出そうとする時です。かたまりから個別の情報へ、圧縮したものを解凍することも可能というわけです。チャンキングされたかたまりを思い出すことでたくさんのオリジナルの情報が再現できるのです。

## 各章をイメージでまとめて読む

これは当然読書でも使うべきです。読書に応用する場合の手順はこうです。

まず通常のイメージドリブン読書法で読み進め、**一つの章が読み終わったところで、その章の内容をまとめた、もしくは象徴するようなイメージをつくり頭に思い描く**のです。このイメージ化の作業がその章全体のチャンキングというわけです。

このときに使うテクニックは第4章や第5章でトレーニングしたシンボル化や図式化です。章ごとに書かれている内容を要約し、それを抽象化することにより一つのイメージに集約させるというわけです。

そしてイメージを使ったチャンキングには利点がもう一つあります。それが**「精緻化」**というものの効果です。

簡単に精緻化を説明すると、学習心理学における記憶の手段には大きく2つ存在します。一つは**「維持リハーサル」**といい、何度も繰り返して読んだり書いたりすることで覚える方策のことです。確かにたくさん繰り返せばいつかは覚えられるのですがかける手間と時間を考えるとあまり効率がいい方法とは言えません。

それに対するもう一つの手法が「精緻化」です。精緻化とは与えられた情報に対して、その形、その状態のまま覚えようとするのではなく、自分なりの解釈を加えた新しい意味をそこに追加するということです。

例えば勉強においても英単語や歴史の年表を覚えるときなど、ゴロ合わせを使って覚えている人は多いと思いますが、そのゴロ合わせも「ゴロ」という新しい情報が新たに加わったので精緻化といえます。

その他にもすでに知っている知識との共通点に気づいたり、たくさんある情報を分類したりする作業も、そこには新たな解釈が加わって個人的な情報に変化したといえるのでこれも精緻化なのです。

精緻化の手法をとることにより初期の段階、つまり情報をインプットするときに記憶を強化できるという、まさにイメージドリブン読書法にはうってつけの記憶手段なのです。

そもそもこのイメージドリブン読書法のメインコンセプトである「イメージ化」は言葉で表されている情報を映像やニュアンスといったイメージという情報に置き換えるという方法でそれ自体がすでに精緻化の手法をとっています。

ここでお伝えしたＺｉｐファイル読みは、そこまで読んでイメージ化してきたものをさらにチャンキングして新たな情報に変化させたという意味で精緻化の精緻化ともいえます。

精緻化の意味を理解された皆さんは、ここ以外にもイメージドリブン読書法の各所にこの精緻化の考え方が含まれていることに気づかれているかもしれません。精緻化の効果はそれほど大きいのです。

## ［実践編⑤］地中海 空想トラベル読み
## ――ローズマリーの香りが記憶を170%UP！

### アロマの知られざるパワーが次々と明らかに！

勉強においても読書においても、その環境により生産性はかなりの影響を受けます。

環境要因で影響が大きなものといえばまずは**「音」**。よく音楽やラジオを聞きながら勉強や読書をするという人がいます。いわゆる「ながら族」と呼ばれるものですが、何かを覚えるという行為に対してそれらはマイナス要因でしかありません。

なぜなら音楽にせよ、ラジオにせよ、本人にしてみれば意識は勉強や読書に集中しているので問題ないと考えているかもしれませんが、本人の意識とは別に脳はその音を聞き取ろうとしてしまうのです。

本来なら脳のリソースは100%読書に投入したいにもかかわらず、本人の気がつかないうちに脳の性能を落とした状態で読書をしていることになるのです。何かを覚えるという状況においては無音が一番適しているということです。

これは私自身の実体験からも言えます。私が参加していた記憶競技ですが、当然ながら記憶、つまり覚えるということに特化した競技です。そこに参加する選手たちはノイズによる影響が記憶に大きく関わってくるのを経験上身にしみて理解しているので、ほぼ全員が耳栓などの音対策をして競技に臨んでいます。

私自身も競技のときにはノイズキャンセリング機能がついたヘッドホンを使っていたこともあって、普段の仕事のときも集中して何かを覚えたり、作業をしたりするときにはそのヘッドホンをすることがルーティンになっています。

音とくれば次は「**香り**」。香りが記憶に対してどう影響するかという話をしたいと思います。いわゆる五感という感覚の中で記憶は特に嗅覚から受ける影響が大きいのです。

**プルースト効果**という現象があります。これはある香りを嗅いだ瞬間にその香りに紐付いている記憶がまるでフラッシュバックのような感覚で蘇る現象のことを指します。

香りの影響が強いのには理由があります。嗅覚以外の感覚は情報を入力してから脳へ到達するまでの神経伝達ルートが一つしかないのに対し、嗅覚だけはもう一つ鼻からダイレクトで脳に届くルートを持っているからです。これほど香りは脳に直接訴えかける力を持つのです。

そこでこの香りをどう使うかですが、実はすでに研究で記憶に効果がある香りというのが分かっているのです。**特に効果が大きいのは「ローズマリー」**。ローズマリーは実は地中海沿岸に生息するのですが、まるで地中海に空想旅行に行ったかのような気分になることが、忘れない読書を実現します。

イギリスのノーザンブリア大学の研究によるとローズマリーの香りには脳神経を活性化させ記憶力を高める作用があることが報告されています。ローズマリーの香りを嗅ぎながら課題を記憶したグループと香りを使わなかったグループとで記憶テストの結果を比較したところ、香りを使ったグループは長期的な記憶力が60～70％もアップしたそうです。

これも私は何かを学習するときの習慣にしています。ディフューザーという機械を使ってローズマリーのアロマオイルの香りを漂わせています。

## やっぱり環境を整えるのが最強のソリューションでした

また読書中の水分補給も脳のパフォーマンスを維持するためにはとても大切です。

脳は80％が水分でできているためわずかな水分バランスの変化に対しても知的パフォーマンスのレベルにかなりの影響を与えます。脳が水分不足の状態になると集中力や記憶の低下を招くのです。のどが渇いたなと気づく前に水分補給はしておきたいものです。

そして環境ということであれば、イコール読書をする場所ということになります。これもやる気につながる条件がいくつかありますが、ここではその中の一つ、**観察学習**についてお伝えしたいと思います。

観察学習とはモデリングとも呼ばれ心理学者のアルバート・バンデューラ博士が研究や調査の結果提唱した概念のことです。観察学習を簡単にまとめてしまうと、モデルとなる他者の行動を観察することにより、それを観察している本人も行動が促進されたり、新しい行動を学習したり、行動や習慣が修正されたりする心理のことをいいます。

なぜこうしたことが起こるかというと最近の研究ではミラーニューロンという神経細胞がこれに関わっているとの報告もあります。ミラーニューロンのミラーとは鏡のことです。由来は他者の行動を見て、まるで自身が同じ行動をとっているかのように〝鏡〟のような反応をすることからそのように名付けられました。

皆さんも学生時代に周りが勉強していると自分も勉強しなくては、という気持ちになったことはありませんか。私たちは他者の行動を観察するだけで、自然にその行動をすることがあります。この心理が観察学習なのです。

それから考えると読書でも、特にその目的が学習の意味合いが強い場合にはこの心理を利用することができます。**例えば周りじゅうが読書をしている人しかいない図書館などはまさにうってつけというわけです。**どうしても読書のモチベーションが上がらない場合は図書館に行くというのも一つの手でしょう。

またバンデューラ博士の実験によると、ビデオに映った行動を観察しただけでも観察学習は成立したそうなので、ネットなどの映像媒体で懸命に学習している人たちの様子を見るだけでも効果はありそうです。

最後は環境といっても読書後の環境の影響とでもいいましょうか。学習後の運動で記憶の定着がよくなるという研究結果があります。イメージドリブン読書法の主な目的は覚える、つまり記憶の定着率を上げることにあるので、これに当てはまります。

2017年に行われたニューサウスウェールズ大学の研究結果によると記憶のテストをした後にステッパーを使った足踏み運動を5分行っただけで記憶力が向上したそうです。

足踏み運動ということは軽い運動でいいわけです。ウォーキングなどが丁度いいでしょう。気分転換も図れて記憶力が上がるというのであればこれはまさに一石二鳥ですね。

## ［実践編⑥］フライング読み

### ――先に全体像を把握してから読む

### 脳は節約家だが、全体像を見せると途端に大食らいになる

受験や資格試験の勉強法には隠れた「王道」があります。隠れたという意味はこの勉強法が試験勉強に極めて特化されたものだからです。

その王道とはずばり「過去問の問題と答えを先に全部読んでしまう」という方法です。受験や資格試験には当然ながら期限というものがあります。その限られた時間の中で学習の生産性を上げる一つの方法がこの方法です。

つまり最初からじっくり問題を解いていくことに時間をかけずに、まずは、さっさと過去に出題された問題と答えを読んでしまおうということです。

これの一番の目的は試験勉強の無駄を省くことにあります。出題傾向などが毎回同じで

あるのならば当然その情報は知っておくべきだし、それはずるくも何でもなく、最終的な目標である試験というものに合格するためには当然の戦略です。

またこの方法は脳の性質からも理にかなっているのです。**脳にはものごとの全体像を常に把握したいという性質があるのです。**

脳は無駄なエネルギー消費を避けるように設計された器官です。そのため先が見えない状況で接する情報に対しては、どれが重要でどれが重要でないかの判断をする機能は活性化しません。

しかし全体像を見ることができると働き始め、その全体像を完成させるためにまだ足りないものを優先的に教えてくれるのです。教えてくれるとは重要なものに意識が向くように仕向けてくれるということです。

限られた時間しかない中で合格のために必要のないことを捨てて、無駄な勉強はしない、やるべきことだけに注力するというのは合理的です。

## 100m走では反則だが、読書でフライングは超絶パワーを生む

今回のイメージドリブン読書法もメインの目的が本の内容を覚えてそれを活かすという

ことにあります。それはつまり「学習」の要件を満たしていることになります。

イメージドリブン読書法における「合格」とは本の内容が自分のものになる、使える知識として実際に活用することなのでしょう。イメージドリブン読書法でも先ほどの「試験勉強の隠れた王道」の考え方を使うべきだと思います。

そしてこのやり方にはさらに隠れた秘密があるのです。実はこのやり方、学習心理学的にも非常に理にかなった方法だったのです。

心理学上、記憶に関わる性質の中に**「プライミング」**というものがあります。プライミングとは以前に経験したことが、その後の認知や行動の促進に対して知らないうちに影響を及ぼす効果のことをいいます。

例えば前の日の夜にテレビでラーメン特集を見ていたとしましょう。その記憶が無意識に頭の中に残っていることにより次の日外食したときに何となくラーメンを選んでしまうといったような現象のことです。

このプライミングに関する効果は他にもあります。**「サバイバル効果」**などもその一種です。実験によりその効果が報告されています。

最初に参加者には、例えば無人島などに一人取り残されたなどのサバイバルが必要なシチュエーションを想像してもらい、その中に自分がいることをイメージしてもらいます。

それをした上で、実験参加者には無作為に選ばれた「ジュース」「ドア」「ガラス」「自動車」…などの単語が次々に表示されます。出てくる単語に対して、それらがサバイバルをするときに役立つかどうかを判断することが求められます。

その後出題された単語をいくつ覚えているかという記憶のテストを行ったところ、サバイバル状況を事前に想像していない参加者に比べ、自分がサバイバル状況に置かれていると想像した参加者たちの方が記憶している単語の数が多いという結果になったのです。

その他にも**「ザイアンス効果」**といわれるものもある種のプライミングといえるでしょう。意識的にテレビのCMを見ていたわけではないにもかかわらず、何度も繰り返しそのCMをテレビで見ていることで、お店に行ったときに何となくその商品が目に飛び込んできてつい買ってしまったというような現象のことです。

要するにこれらの現象に共通していえるのは、**あらかじめ特定の情報を何度も見たり聞いたり、またその情報について考えたり、想像したりすることが後になってからの記憶や、情報選択といった認知能力に影響を及ぼすということです。**

つまり目にした情報が、事前に意識に入っている情報と少しでも関連する要素が含まれている場合、よりその部分を際立たせ、そしてその情報に対する記憶の定着も自動的に促進するという効果があるということです。

しかし試験勉強であれば、過去問や模擬問題集のような教材も存在しますが、この考え方を読書にはどう取り入れればよいのでしょう。これに関しては文明の利器を借りることにしましょう。

インターネットを利用するのが一番です。今ではネット上にたくさんの人がブログや読書管理のWEBページなどで読んだ本の感想や、中身のポイントを書き込んでいます。

一般人以外にも本の専門家が書評サイトや雑誌などで本の紹介をたくさんしています。小説などのエンターテインメント性のあるコンテンツであれば、あらすじや結末など、ネタバレするようなものは当然シャットアウトした方がよいでしょうが、実用書やビジネス書といった類いなら逆に事前の情報収集はした方が利点があるということです。

もちろんすでにその本を読んだことがある知り合いから直接ヒアリングするなどの方法もよいでしょう。

ただ一つ気をつけなければいけないことがあります。それはあまり他人の意見をそのままうのみにして意識に取り込みすぎないことです。あくまでも人の意見として参考程度にとどめておき、変なバイアスをかけないでおくことが重要です。

陸上競技ではフライングは反則行為ですが、イメージドリブン読書法においてはどんどんフライングして予備知識に接するべきです。

# ［実践編⑦］集中力じらし読み——あえて中途半端なページで強制中断する

## 「フロー状態」に入るためのショートカットの存在が明らかに⁉

人の集中力というのは案外短いというのが近年では定説になっています。本を読むときにも当然集中力は必要になってきますので、読書においてもこれが当てはまるということになります。

もちろんそんなことを気にする必要がないくらい内容に没頭できて長く集中状態をキープすることができる本に出会えたならばそれはそれで幸運なことです。そういう状態のときは「内発的動機づけ」といって、その行為をしていること自体が楽しいというモチベーションを生み出すので、あえて集中力を気にする必要はないのです。

しかし実際は小説などのエンターテインメント以外の実用書やビジネス書の場合、その本が自分のためになるとは分かっていたとしても、なかなか長い時間集中力を切らさずに読書を続けるというのは結構大変なときがあります。

先ほど紹介した内発的動機づけが生じた状態がさらに進むと究極とも呼べる集中状態である「フロー状態」となります。これは時間の感覚が消失してしまうほどの集中状態のことを指しますが、我々常人が意図的にこの状態に入ることは非常に難しいことだとされています。

しかしある工夫をすることにより、このフロー状態とまではいきませんが、非常に高い集中レベルを獲得することができるのです。それが**「時間の細分化」**です。つまり時間を短く区切ることにより集中の密度を高めてしまおうという試みです。

例えるならマラソンで走る距離を短距離走のダッシュとその後の休憩を繰り返してゴールを目指すといったイメージでしょうか。

なぜ時間を区切るかというと、時間に制限がかかることにより脳の集中力がより高まる効果があるからです。これを心理学では**「締め切り効果」**などと呼ぶことがあります。

区切る時間は〇分くらいといった曖昧な設定ではいけません。脳にある種の切迫感を感じさせる必要があるのです。それを感じ取ることで脳は初めて真剣に働いてくれるというわけです。脳に切迫感を感じてもらうためにここでのひと工夫が必要です。

心理的により切迫感をもたらす効果を期待して使いたいのがタイマーです。カウントダウン式であればキッチンタイマーでも何でも構いません。そして時間になったら音が出るものにしてください。

読み始めるときにある時間を設定したならば「〇分だからこのくらいの感じかな」と空間認識能力を刺激して時間の感覚を頭の中でイメージしてから読書をスタートします。

この行為をすることによって無意識に脳は時間内で課題を達成すべく集中してがんばってくれるというわけです。

**具体的にどのくらいの時間が適しているかといえば、人間が本来持っている集中力の持続時間から考えて、15〜25分の範囲での設定が適当です。**これを1単位として読み進めていくというわけです。

そして1単位が終了したら休憩をとることにします。そのときどんなに気分が乗っていたとしても必ず休憩はとるようにしてください。**休憩時間は5分が適しています。**

これは次のセットの集中のためにも必須です。そして休憩時間も同じくタイマーをセットします。気づいたら休憩時間が過ぎていたなどといううっかりミスを防ぐためです。

休憩時間にはしっかりと脳を休ませたいので別の作業はできるだけ行わないようにしてください。トイレに行ったり、飲み物を飲んだり、軽い体操で体をほぐしたりすることに時間を使いましょう。

このように読書時間1単位の集中と5分の休憩をセットにして進めていくことがこの読書法のポイントです。同じ1時間の読書をするとして、連続して1時間読む場合と単位ごとに区切って休憩を間に挟みながら1時間読んだ場合での集中力の密度の濃さには差が出ます。

くどいようですが、こうした工夫をしなくても集中力を持続できるのであればこの方法をとらなくてももちろん構いません。しかし意図的に毎回集中状態をつくることが難しい人にとってはやる価値は十分にあると思います。

## 「ザイガルニック効果」が〝読書嫌い〟を〝無類の読書好き〟に変えてしまう

話は変わりますが、毎回一度に本を読み切るわけではありません。その日の都合や予定によって読書を途中で切り上げなければならないときの方が多いでしょう。そのときの読書の切り上げ方についてです。

読書を切り上げるときは何となく内容の切りが良いところで終わらせたい気持ちになりがちだとは思いますが、あえてその気持ちは無視して、あくまでもタイマー終了と同時に読書を終わらせてほしいのです。内容的に中途半端なところでも全く構いません。

そんな終わり方をしたら気持ちが悪いですって？　いいえ、それがここでの狙いなのです。なぜなら心理学的効果である**「ザイガルニック効果」**を利用したいからです。

ザイガルニック効果とは未完成の仕事や達成途中の目標があると、そのことがずっと頭から離れず、それが気になり続ける現象のことをいいます。

人間は集中して取り組んでいる課題に対して途中で中断すると、それを完成しなければ気が済まないという心理が働くのだそうです。ところがその課題を終えてしまえばその途端、効果は消えて頭の中には何も浮かんでこなくなります。

この性質からザイガルニック効果には2つの使い道がありそうです。

一つは、課題が終われば頭から消えてしまうという性質を活かして集中力を高めることに、もう一つは今回のように続きが気になるという性質を使って次へのモチベーションを生み出すために、といった具合です。

今回は残りが気になるという性質を使って、本の内容の切りがよいところではなく、タイマーによって強制的に中途半端な位置であえて中止させるのです。

すると頭の中では続きがずっと気になるので、次へのやる気を生み出すことにつながるというわけです。

## ［実践編⑧］「If…」仮定法読み
### ――脳に〝条件付け〟というエネルギーを与える

#### 意志力は残念ながら当てになりません

自分にとって読む価値があると思える本に出会えたとします。その本を読むことが間違いなく自分のためになることが頭では分かっていても、しばらく読み進めるうちにいつの間にか読むのを中断してしまった。読書に限らず、一度やる、と決めたことを途中で諦めてしまうという経験を持つ人は割と多いのかもしれません。

それにはいろいろな原因が考えられますが、いわゆる**「習慣化」**を妨げる大きな要因の一つとして、例えば読書であれば、どこか自分の中に本を読むのがおっくうな自分がいて、ついつい読むことを避けてしまうということがあります。

最初はそんなささいなことが、度重なるうちにいつの間にか気づくと読みかけのままほったらかしという状態を招いてしまうというわけです。その本の内容が難しかったり、ページ数が膨大な本であったりすればなおさらそこに意識が向かないということもあるでしょう。

しかし少なくとも、初期の段階で「読むのをやめてしまった」ということをなくすだけでも、習慣化にはかなりの効果があります。

これを防止して習慣をキープさせる方法を今回は紹介します。

ドイツの心理学者、ピーター・ゴルヴィッツァー教授が実験の結果から生み出した習慣化のための方策があるのです。その名を**「条件型計画」**といいます。**この方法のすごいところは自分の意志力に頼らなくてもよい、というところにあります。**

人の意志力というのは一日の中で消耗していくということが研究の結果分かっています。一日の中で判断をしなければならない機会や相手に対する振る舞いといった行動のたびに意志力というものは消耗していくのだそうです。つまりそもそも何かを習慣化するときには自分の意志力はあまり頼りにしない方が得策ということです。

それに対しこの「条件型計画」はほとんど意志力に頼らなくても大丈夫な工夫がされています。

その工夫とは「フライング読み」のところでも出てきた心理学的効果の**「プライミン**

グ」を利用することです。プライミングとは事前に何度も接した情報や事前に考えた情報が後の行動を促進させるという現象のことです。

このプライミングの効果が組み込まれている方法なのです。具体的なやり方は至って簡単です。

「(もし)〜という条件なら、(そのときは)〜という行動をとる」

というような条件付きの計画を立てるだけです。

「もし〜なら」という条件がプライミングの効果を発動させる仕組みになっているのです。そしてさらに「〜ならば〜する」という文法の形は脳に強く訴えかける作用もあるのです。

実験によるとこのような実験型計画を設定するだけでその条件に接したときに意識が行動するように促されて、決めた目標が実行できる確率は2〜3倍になるということです。

運動の習慣をつけたかったら、

「(もし)金曜日に仕事が終わったら、(そのときは)ジムに行きトレーニングする」

英語の勉強だったら、

「(もし)寝る1時間前になったら、(そのときは)英単語を20個覚える」

といった具合です。

だからイメージドリブン読書法を行うときも、

「（もし）会社から帰ったら、（そのときは）1時間読書をする」

とか、

「（もし）電車で移動するなら、（そのときは）読書の時間に充てる」

などの条件付きの計画を設定しておけばよいわけです。

## 50分の1ページずつ読む、一生読書が習慣化する方法

またこの条件型計画に加えてもう一つ習慣化を実現する方法を紹介したいと思います。こちらの目的は主にページ数がものすごく多い本を読むときなどに効果的な方法です。方法というよりも考え方といった方が近いかもしれません。

それは**「スモールステップ」**という考え方です。アメリカの心理学者であるバラス・スキナー教授によって提唱された方法です。

大きな目標に向かう場合、挫折してしまうのを防ぐために、その目標を細分化してその小さな目標を短いスパンで達成していくことで最終目標に近づいていくという方法です。

例えば500ページを超えるような本を読み切るのは誰にとっても大変なことです。た

とえその本が自分にとって有益と分かっていても腰が引けてしまうかもしれません。

そう感じるのはたぶん500ページという全体のボリュームを一度に見てしまうからなのだと思います。

そこでその500という量を細分化するというわけです。例えば500ページとはいえ、毎日10ページずつ読んだとするならば、50日で終わる計算です。そう考えるとだいぶ気持ちは楽になるのではないでしょうか。

そしてさらにスモールステップごとに達成感を味わうことで、次へのモチベーションが高まることにもなります。その達成感をより味わうための方策が結果の「見える化」です。

例えば先ほどの500ページを10ページずつに区切って読む進め方をしたとするならば、10ページ終了ごとに読み終えた記録を目に見える形で残していくということです。

大きな紙に50個のマス目を書き、10ページ終わるごとにそのマス目を一つずつ塗りつぶしていくのです。

これを見ることで達成感がより高まるというわけです。

これを続けていくうちに塗りつぶす行為が動機付けになってくればしめたものです。

未完成のものは続きが気になるという心理現象「ザイガルニック効果」もあいまってより早く次に進みたいという欲求が生まれてくると思います。

## ［実践編⑨］ほったらかし読み
## ――内容が効率的に血肉になる〝あえて何もしない〟読書法

### 「何もしない」は意外と重要

このほったらかし読み、何をするかといえば、実は何もしません。

何もしないとはどういうことか。イメージドリブン読書法でその本を終わりまで読んだら何もせずに放っておくということです。

ただこの手法はオールマイティーというわけではありません。目的は限定されます。例えば実用書などから情報を得て、すぐにその具体的な方法などを使いたい場合にはこの手法は向いていません。

では**どんな目的にこの手法が向いているかといえば、その本が伝えているテーマや主張や考え方などを自分の中に取り込んで、その概念の枠組みを自分のものにしたい場合や、**

**その本からヒントを得ることによって、オリジナルのアイデアを生み出したい場合などにこの手法は向いています。**

しかしなぜ読み終えてすぐに何らかのアクションを起こしてはいけないのでしょうか。その方が記憶はフレッシュな状態なので効率がいいように思えますが。

東大・京大で一番読まれた本として有名な『思考の整理学』の中で著者の外山滋比古氏はこの何もしないでおく状態のことを「発酵」という言葉で言い表しています。手に入れた情報は、すぐに利用するのではなくしばらく寝かせておく、つまり発酵させることにより、新たな価値を生み出すのだと説明しています。

論文のテーマを何にしていいのか分からないと相談に来た学生に対して、まずは何もなければ始まらないのでまずその種、つまり素材となりそうなものを参考文献からピックアップしなさいとアドバイスします。ただその時点ではその素材はそのままテーマにはなり得ないというのです。その素材を自分のテーマとして昇華させるためには発酵が必要だというわけです。参考文献をただこつこつ読み続けているだけではいつまでたってもテーマにはならないと。

原本に対して内容を理解したとしても、すぐにその内容を利用しようとすれば新しいものは生まれない。そこで時間をおいて頭の中でその内容を寝かせることで脳がそれを消化し新しい価値を持ったものに変化するのだと外山氏は言います。

これと同じようなことは過去の識者たちも唱えてきました。よいアイデアを生み出すためには当初、一生懸命考えるという過程は必要であるけれど、脳に負荷をかけて必死に考えた後はしばらく放っておく。そうすることによって脳内である種の化学反応が起こり新たなアイデアというものが生まれるのだと。

## 本の内容を忘れないだけでなく、応用できる

実際私も今までこの脳の性質を使ってたくさんアイデアを生んできました。

これは心理学的にも正しいのです。このメカニズムを**「レミニセンス現象」**といいます。

皆さんは初めて自転車に乗れたときのことを覚えているでしょうか。たぶん一人で乗れるようになるまでは親などに後ろを持ってもらいながら練習したのではないでしょうか。

初めのうちは手を離された途端転ぶというパターンの繰り返しです。そういうことを毎日繰り返しているうちにある時、突然乗れるようになったのではないでしょうか。

なぜ急に乗れるようになったか分かりますか。たぶん、なぜだかは分からないけれどいつの間にか乗れるようになったというのが本音でしょう。

他にもスポーツをやっている方なら分かると思いますが、練習で何度やってもうまくいかないテクニックがあり、もうこのテクニックは自分には無理だなどと半ば諦めかけているとあるとき何でこんなことができなかったかと思うくらいすんなりできる瞬間がやってきたりします。

楽器をやっている人もしかり。

また勉強においても同様な現象が起こります。勉強すれどもさっぱり理解できなかったことがある日、まるで頭の中の霧が晴れたようによく理解できたりすることがあります。レミニセンス現象とはこういった現象のことを指すのです。つまり学習したことが時間を経ることによって、その内容が高度化するという現象が起こり得るということです。

練習したり学習したりすれどもなかなかすぐに成果が上がらない期間が必ずあります。その期間中というのは実は脳の中で情報を整理して利用できる形に整えている作業が行われている期間なのです。学習内容の熟成期間を経ることでその情報が単なる知識ではなく使える情報に生まれ変わることになるのです。

これも以前説明した記憶の仕組みによるものです。寝ている間に記憶が整理されてその後の学習を促進させたというわけです。

つまり学習したことがこのレミニセンス現象によって十分な効果を発揮するためにはあ

る程度の時間が必要になるということなのです。直前に覚えた知識よりも、数日たった知識の方が整理されていて脳が使いやすい形に変わったということです。

さらに近年では、何もしていないぼうっとしている時間が実は脳にとっては重要なことであることが分かってきました。

ぼうっとしている状態というのは頭が働いていないと思いがちですが、そんなときでも脳は働いているのだそうです。

その脳の状態を**DMN（デフォルト・モード・ネットワーク）**と呼びます。このDMNは先ほどの睡眠と同じく脳内の情報整理の機能を持っているそうです。

このDMNが働くことにより脳内の情報がきちんと整理されて蓄えられた情報同士が結びつきやすくなり、新しいアイデアが生まれるというメリットもあるようです。

これらの脳や心理学上の特性から本から得た情報もすぐに活かそうとするのではなく、覚えてから睡眠を挟んで数日たってからの方が、情報が熟成の過程を経て脳にとって利用しやすいものに変わるということなのです。

もし新しいアイデアが必要な場合は、本を読み終わった後に数日おいてみてください。するとある日突然ひらめきが起こるというわけです。脳の偉大さが分かる瞬間です。

## ［実践編⑩］超・短期凝縮読み
## ――たった3冊でその道の有識者になる

### まずは脳に骨組みを与える

あなたに与えられた期間はほんのわずか。その中でできるだけ早く必要な知識を頭に入れなければならない状況に陥ったらどうしますか。

取りあえずは関連分野に関する参考書となるべき本を読むことから始めることになると思いますが、通常のように読んでいくと時間が足りない可能性も出てきます。

さらにその本一冊だけだと、もしかすると、本当に必要な部分を見落としてしまうことなどもあるかもしれません。

そんなシチュエーションにおいて威力を発揮する読書法を今回お伝えしたいと思います。

今回は具体的なやり方を説明しながら進めていくことにします。

まずはターゲットとなる分野の本を3冊準備します。同じ分野の本を3冊そろえるのは、少しもったいない感じもするでしょうが背に腹は代えられません。

その3冊はできるだけ同じことを伝えているものを選ぶようにしてください。似たような本をそろえるのが一つ目のポイントになります。

本がそろったら、その3冊をそれぞれパラパラとざっと眺め、その中から一番読みやすそうな、とっつきやすそうなものを1冊選びます。

ポイントは他の2冊に比べて図が多いことや文字数が少ないというのがある程度の目安となるかもしれません。しかしここであまり悩まないでください。あくまで「直感」で読みやすそうと感じたもので結構です。

最初の1冊目が決まったら、これからそれを読んでいくわけですが、通常の読み方をしていったら全部で3冊あるので当然ながら時間も3倍になってしまい、この方法をとる意味がなくなってしまいます。

あくまで今回のテクニックは短期間にできるだけ効率よく必要最低限の知識を取り込むことが最重要課題です。そこで通常とは読み方を変えることにします。

とはいえその読み方は特別というわけでもなく、すでに世の中に存在しています。いわゆる**「拾い読み」**という読み方です。拾い読みとは本文全部を読んでいくのではなく、必要と思われる箇所のみを拾って読んでいく方法です。

どう拾い読みしていくかですが、その本の中の文章に太字の箇所があったり、色がついていたり、ラインが引かれている箇所があればその部分だけを読んでいきます。後の部分は潔く無視していくことにします。他に図やイラストは見ていくようにしてください。

もし、本文中に重要箇所を強調するような仕掛けがしていない場合でも問題ありません。その場合は、この章でお伝えしている妄想ドリブン読みとフライング読みを必ず行えばよいだけです。

もともと妄想ドリブン読みとフライング読みの目的は効率的に本文中から自分にとって必要かつ重要な箇所を優先的に浮かび上がらせるためのテクニックです。

そこでこの2つのテクニックで事前の準備をしておき潜在記憶にアンテナを張っておくことで文章中に色やラインのガイドがなくても、必要箇所がハイライトされている感覚で読み取ることができるはずです。

そのように自分の脳にまかせて、フォーカスされる箇所のみをピックアップして読んでいけば問題ありません。

あくまでスピードを最優先に置いた読み方のため、拾う情報は必要最低限にとどめ、いらないと感じるところは思い切ってバッサリ切り捨てて進んでください。

こうしてなるべく早く1冊目の本を終了させます。この状態を家づくりに例えるならまだ骨組みだけが立ち上がった状態といったところでしょうか。

しかしこの骨組みをできるだけ早く作ることが脳にとっては非常に重要な意味を持ちます。

## 神速でその道の知識が手に入る

今回の読書の目的はある意味、範囲が決まっている「学習」ともいえます。範囲がある学習のときの鉄則が、できるだけ早く脳に範囲の全体像を見せてやることなのです。脳は学習すべき範囲の全体像が把握できると、まさに例に挙げた家の骨組みのような基本となる知識の枠組みを作ります。

この知識の枠組みがこれまでにも出てきた「スキーマ」です。

この基本のスキーマが完成したことが、2冊目、3冊目の本を読むときの非常に大きな助けとなるのです。

2冊目、3冊目も読み進め方は1冊目と同様に拾い読みです。

文が修飾されていればそこだけ、もし何もなかったとしたら妄想ドリブン読み、とフライング読みをしてから読み始めるというのは同様です。

前の本と同じものが出てくればそれはその分野において重要事項ということを自然に把握することができ自動的に記憶も強化されます。

そしてまだ取り込んでいない重要な知識を吸収していくわけですが、スキーマが家の骨組みであるとすれば2冊目、3冊目から得られる知識は屋根であり壁であり窓であり内装や配線などの設備とも捉えることができます。

骨組みがあるからこそ、次はこの部品、次はこの箇所、というように家の完成までに必要な部品を脳がピンポイントでピックアップしてくれるので非常に効率的に知識を追加していくことができるというわけです。

こうして3冊読み終わる頃には屋根がかかり、壁ができ、内装も整備され、家が完成することになるのです。

つまり、その分野の全体構造、概念、ストーリー、そしてポイントとなる知識を取り込むことができたということになります。

そもそもイメージドリブン読書法は文章を追わない読書法ですが、今回の超・短期凝縮読みはさらに余分な文章を切り捨て、必要最低限の要点だけにフォーカスしていく方法なのです。こうして即席スペシャリストの出来上がりとなるわけです。

# 第7章

# イメージドリブン読書で人生すべてが思い通り！

# ［最高の人生①］読書スピードまで速くなり、読書時間が40％短くなる！

## 速読チャンピオンの本の感想：「とても楽しかった」

世間にはたくさんの速読教室や速読術の本が存在しています。眼筋を鍛えるものや、目の動かし方を学ぶもの、潜在意識を利用して読んでいくものなどさまざまな手法があるようです。それほど「本を速く読みたい」というニーズが多いということなのでしょう。

確かに本が速く読めればさまざまな面で有利になることは間違いありません。

例えば、一般的な読書スピードの平均は1分間に400〜600文字といわれています。実際にはその本の内容によって読む速さは一定というわけにはいきませんが、仮に全体のページ数が200ページ、1ページあたり500文字相当の本の場合、純粋に読んでいる時間だけを単純計算すると、読み終わるのに3〜4時間かかることになります。しかし、もし速読術を身につけることでこれを1時間に短縮できればそれは非常に魅力的です。

さらに世の中には1冊を30分、いや10分以内で読めるとうたっている方法などもあり、本当にそれが可能であれば確かにすごいことです。

翻ってイメージドリブン読書法についてです。**この読書法は極めてインプットにこだわった読書法ですが、インプットに特化している理由の一つは読者が本の内容に関して良質なアウトプットができるようになるためです。**

ここでいう良質なアウトプットとは本の内容を理解し、記憶し、脳の編集機能を使って自分にとって価値のある情報に変換することです。つまり本の内容を消化できないスピードで読んでいっても価値あるインプット、アウトプットにはつながらないというのが本書の基本スタンスです。

我々は日本語を使用している日本人なので、よほど専門的な知識が必要なものでなければ書いてある文章を読んでいくことはできます。何が言いたいかというと、内容を理解しなくても文章をそのまま音に変える作業はできるということです。

皆さんは違うかもしれませんが、私の経験では小学校時代の教科書の音読の感覚に近いです。国語の教科書を先生から読むように当てられ、声に出して読むのですが、そのときの意識は文の内容よりも書いてある文章を正しく読めるかどうかに向いていた気がします。

要するにスピードだけを求める速読にはこれに似たような落とし穴があるような気がするのです。「いかに早く本を読み終えるか」そこに注力しすぎると速く読むという手段がいつの間にか読書の目的に変わってしまうこともありえます。

中には、何か一つでも得るものがあればそれでよし、という人もいますが、せっかく貴重なお金と時間を使って本を読むのですから、可能な限りたくさんの身になる知識を吸収したいものです。

有名な話なのでご存じの方もいるかと思いますが以前ある速読のチャンピオンがあの分厚い『ハリー・ポッター』の本を47分で読んだというニュースが流れたことがあります。ハリー・ポッターシリーズは日本語版にしても500ページ近くになります。そのボリュームの本が47分で読めるのなら、それこそまさに魔法のようです。

**そしてそのチャンピオンはその本の感想をアウトプットするのですが、その内容が「ページをめくる手が止まらないほど素晴らしかった。とても楽しかった。これなら子供でも読めると思う。しかし子供にとっては悲しいシーンもあった。」**

皆さんはこれを聞いてどう思いますか。いくら500ページの本を47分で読めたとしてもこの程度のアウトプットしかできないとしたら、その読書体験には本当に価値があったのかどうかは個人的には甚だ疑問です。

私自身は読書において求める速さとは内容の理解とのバランスがとれたものでなければならないという考えです。

## 「忘れない読書」を目指した方が、結果、「速くて忘れない」が実現できる

このときの「理解」とは思考を伴った認知機能が働いている状態のことです。先ほどの私の小学生時代の例でいうとそのときのインプットからアウトプットのフローは、

「目から文字情報を入力」↓「文字の識別」↓「それを声に出す」

という流れになっていて脳の認知機能は文字の識別にしか使われていません。

それに対し理解しながら進むとは、

「目から文字情報を入力」↓「頭の中のスキーマ（知性の枠組み）と照合」

そして、この後は2通りの流れになります。

一つは、「入力された情報がスキーマにすでにある知識と同じ場合はそのまま進む」。

もう一つは、「同じ知識がない場合、スキーマに取り込んで、思考の枠組みを利用して理解する」。

この2通りのフローを繰り返しながら進むことが理想なのだと思います。

スピードだけを追い求めると1つ目のフローだけをたどっていることになります。それはすでにある知識をなぞっているだけなので新たな価値を持つアウトプットを生み出すことは難しいということになります。

これまでのイメージを利用した読書法も同じで、1つ目のフローしかたどっていないために速くは読めるかもしれませんが、読んだ後は頭に残っているものは少ないのです。

スキーマを通過させるこの2つのフローを追いながら、さらに効率化を目指したのがイメージドリブン読書法です。

そういう意味では読書に求める速さは相対的なものだと考えます。つまりある1冊の本があったとして、自己流の読み方で読んだら5時間かかったところイメージドリブン読書法を使ったら3時間になったというように。このような考え方が読書法の効果を判断する正しい姿ではないかと思います。

そして相対的であると同時に変動的でもあります。この読書法に熟達すればするほどそのスピードは速くなっていくのです。そのために必要なのが本書のコンセプトである3つのイメージ化というわけです。

本の中に出てくる「抽象語」「抽象的概念」「関係性」「構造」をできるだけ速くイメージ化できるようになることで読書スピードもそれに伴って速くなってくるというわけです。

## ［最高の人生②］頭の回転150%増しで、毎日「自分だけの3時間」ができる

### 結局、ワーキングメモリがすべてを解決する

脳の機能の中に**ワーキングメモリ**と呼ばれるものがあります。作業記憶とも訳されることの機能は近年特に注目されている能力です。作業記憶とあるので、記憶の種類には違いないのですが、通常我々が想像している記憶とは趣が少し異なります。

普段我々が一般的に想像する記憶力とは、パソコンで考えるとハードディスクのような記憶装置といったところでしょうか。こちらは大脳辺縁系という場所にある海馬という部位が司令塔となって管理しています。

それに対してワーキングメモリはパソコンで言えばメモリに相当します。脳の前頭前野という場所が管理しています。これは単に情報を保管する以上の機能を持っています。つ

まり作業で必要になるデータを一時的に置いておく場所というわけです。

このワーキングメモリは認知機能に非常に大きく関わってくる能力といわれていて、IQよりも学習成績との因果関係が深いという結果もあるほどなのです。

では先ほどパソコンのメモリの機能と似ていると言いましたが、簡単にいうと、いわば「脳のメモ帳」ともいうべき働きをする能力なのです。つまりある情報をそのメモ帳に一時的にとどめておき、その情報を基に同時に他の課題の処理を行うということを可能にさせる機能を持っています。

これは特定の人だけが持つ特別な能力というわけではなく、皆さんも普段の生活の中で気づかないうちにこの能力を使っています。

分かりやすいところでは暗算などがいい例です。お店で買い物をしながら今いくらになっているのだろうと計算するとき、頭の中で途中の金額を覚えておきながら計算をするはずです。そのときまさにワーキングメモリを使っているのです。

さらにワーキングメモリの機能はまだあります。例えば今、目の前にある課題に直面したとします。これを効率よく処理するためにはすでに自分が持っているノウハウを活用することができればとても助かります。こんな場面でもワーキングメモリは活躍します。

課題を処理するのに必要な情報を記憶のデータベースから検索をかけて照合し、最適な情報を引っ張り出してくるのです。そしてその情報を参照しながら処理することでスムーズに課題をこなすことができるというわけです。

また**ワーキングメモリ能力が高いことが学習においてもとても有利に働くことが研究で分かっています。**意識したことはないかもしれませんが、何かを学ぶというときは誰でも多かれ少なかれ得意な学習のスタイルというものが存在するのです。

「見る」ことで学習効率が上がるタイプの人もいれば「聞く」方が理解がしやすいタイプの人も存在します。

また言語情報よりも絵やイメージで学習することに向いているタイプ、実際に体を動かして体感することで理解を深めるタイプと人それぞれ習得がしやすい学習タイプというものがあるのです。

学校の授業はもちろん社会人も何かの講座やセミナーで学ぶこともあるでしょうし、それ以前に何かの勉強を独学している人もかなりいるはずです。

そのときに自分の学習タイプに合った学習ができれば当然効果的な学習ができますが、なかなか自分の学習タイプを見極めるのは難しく、仮にタイプが分かったとしても、それに合わせた勉強方法をカスタマイズするのは現実にはほとんど無理でしょう。

ところがここにその問題を解決できることを示す調査結果があります。イギリスの高校生を対象にして、ワーキングメモリ能力と学習タイプと成績の関係を調べた調査において、ワーキングメモリの能力が高い学生は、どんな学習スタイルで行われた授業でも好成績をおさめることができるという結果が出たのです。

今までいろいろ説明してきましたが、ワーキングメモリの機能を最も分かりやすく表現するとすれば、それは空港の「管制官」です。空港で飛行機の運航状況を把握しコントロールする航空管制官の仕事はまさにワーキングメモリそのものです。

何機も飛行している航空機に対して同時にルートや天候などの情報を並行して処理し、パイロットとコミュニケーションをとりつつ最適な決断を下すといった仕事はワーキングメモリの機能を実に体現しています。

**つまりワーキングメモリの能力が高くなれば、タスクの処理速度も速くなるといえるわけで、さらに同時処理できるタスクの量も増えるということになります。**

一つのタスクにかかっていた時間もワーキングメモリが向上することでそれまでの3分の2の時間で終わらせるなどということも可能になってきます。1日に換算すれば3時間くらいは以前より余計に使える時間が増えるというわけです。

これからはワーキングメモリ能力の高さがもしかすると課題の処理能力の高さを示す一

つの指標になってくるかもしれません。

## イメージドリブン読書はワーキングメモリを劇的に高める

今後もワーキングメモリという能力にますます注目が集まることは間違いありません。第2章でもお伝えしましたが、ワーキングメモリ研究の第一人者、大阪大学の苧阪満里子名誉教授の研究報告から解釈するに、イメージドリブン読書法を行うことはワーキングメモリを鍛えるのにうってつけと考えられます。

ワーキングメモリの能力が高い人を集めて脳の中を調べたところ、ACCという場所が共通してよく活動していたのだそうです。

このACCの活動を高めるのに効果的なのが頭の中にイメージを浮かべたり、創造したりするイメージングなのだそうです。

イメージドリブン読書法は覚えるための読書法ですが、そのイメージを使うというメカニズム自体が間接的にワーキングメモリを鍛えることにもなっていたとは驚きです。

つまりイメージドリブン読書法を使って本を読んでいくだけで、いつの間にか脳の処理能力も自然に高めることになるというわけです。

## ［最高の人生③］いつでも〝フロー状態〟に入れるようになる

### 記憶力と集中力は実は「＝」の関係

いわゆる「集中力」と呼ばれる能力があります。この集中力とはいったいどんな能力を指すのでしょう。皆さんが考える集中力とはどういった能力のことでしょうか。

この集中力という能力、人それぞれいろいろ捉え方があり、ある意味抽象的で定義付けが難しい能力です。しかし、共通していえるのは、いずれも周囲の雑音を排除して一つのことに取り組むことができるという点です。

**この集中力、実は記憶力ととても近しい関係にあるのです。私は個人的に記憶力とは集中力とほぼイコールの能力なのではないかとさえ考えています。**

私の周囲を見回してみても記憶力が高い人は総じて集中力も高いことが多く、その反対、集中力が高い人の記憶力が高いというパターンもよく見かけます。記憶力が高いのに集中力が低く、集中力が高くても記憶力が低いという人をなかなかイメージすることはできません。

ではなぜ集中力と記憶力にそれほど相関があるのかというと、そもそも何かを記憶するためには集中力の助けが必要だからです。これは他のところでもお伝えしましたが何かを記憶するためには覚えようとする意志が必要なのです。この意志が働いていないと脳の記憶のスイッチは入らない仕組みになっているのです。

例えば単に本をパラパラ眺めていても内容は記憶することはできません。「ここは大事な箇所だから覚えよう」という意志が働くからこそ覚えることができるのです。

ではこのときの覚えようという意志とはいったい何なのでしょう。これを言い換えると「やる気」ということだと思います。覚えようとするやる気が発生して初めて頭の中に情報を入れる準備ができるというわけなのです。

このやる気に関しても他でお伝えしましたが、脳のある場所が関係しています。それが「側坐核」という場所です。これまでに何度も出てきた「扁桃体」や「海馬」と同じく情動に関わる「大脳辺縁系」というエリアの中にある場所です。

この側坐核が働くことでやる気を生み出すのです。つまりこの側坐核が刺激されるとやる気が生まれるという仕組みです。側坐核が刺激されると、やる気が生まれ、集中力が上がり、それにより記憶力も向上するという流れになっているわけです。

## 〝フロー状態〟を作り出す「記憶の宮殿」

集中力と一口にいってもそのレベルはさまざまです。その中で最高といっていいほどの集中力の状態が存在します。

皆さんは「**フロー状態**」という言葉を聞いたことがあるでしょうか？　心理学者のミハイル・チクセントミハイ教授が作り出した用語で時間の感覚が消失してしまうほどの高度の集中状態のことをいいます。

このフロー状態には入ろうと思ってもいつでも簡単に、好きなように入れるというわけではありません。フロー状態に入るための条件はこれまでの研究である程度は分かっているのですが、しかしだからといって機械的に入れるわけではなく、ある種の条件同士の化学反応的なものが必要になるようです。

**しかし私は個人的な経験を通して、このフロー状態に入るためのヒントのようなものをある程度つかんでいます。その経験とは世界記憶力選手権での経験のことです。**

私自身「記憶競技」と呼ばれる競技に携わっていく中で一番重視したのが実はこの「集中力」なのです。

先ほども言ったように記憶力と集中力にはとても強い相関関係があり、集中力が高まれば、それに伴って記憶力も向上するといえるのです。

世界記憶力選手権には世界中から記憶力に自身のある選手たちが集まり、3日間にわたり計10種目の競技を行います。その中で一番時間がかかる種目がトランプと数字の競技です。

これらの種目は記憶時間が1時間、解答時間が2時間、これを続けて行うことになるので最終的には合計3時間にも及びます。この3時間の間、休憩なしに、高い集中状態を保たなければならないのです。このレベルになるともはや記憶力というよりも集中力の勝負とさえ思えてきます。

ランクが低い選手たちは解答時間が終了する前にどんどん退席していきますが、上位の選手たちはこの3時間をフルに使い切ります。そんなわけで競技が終了するとさすがにぼうっとした状態でふらふらになります。

このように集中力が結果的に記憶力を支える力となってくれていたわけです。これに関しては同じ脳を使う種目のチェスや囲碁や将棋でも同様でしょう。

つまり認知機能といわれる能力を総合的に支えているのが集中力でもあるということなのでしょう。土台にこの集中力がなければ本来発揮できるはずの認知機能でさえ本領が発揮できない可能性があるということです。

先ほどの私の話に戻りますが、このような結果を残したことを聞くと私にもともと素晴らしい集中力が備わっていたかのように聞こえるかもしれませんが、決してそんなことはありません。

なぜこれほどの集中力を保てるかの理由が、先ほど述べたフロー状態に入るためのヒントというわけです。

先ほどの競技、3時間の間、私が何をしているのかといえば、頭の中のイメージ世界への没入体験です。頭の中に構築している記憶の保管場所、別名「記憶の宮殿」のイメージを頭の中でたどっているのです。

このイメージ思考こそが高い集中力を生み出す一つの秘訣ではないかと考えたわけです。イメージドリブン読書法もある意味、イメージ世界の活動です。

つまりイメージドリブン読書法はその高い集中力も身につけることができるメカニズムも内包されていると考えているのです。

## ［最高の人生④］EQが劇的に高まり、人間関係が思い通りに

### 人生の成功・幸せを決定づけるのは認知能力よりも非認知能力

認知能力とは本書のテーマでもある記憶力をはじめ理解、判断、論理などの知的能力のことを指します。

それに対し非認知能力とはいわば心に関する能力とでもいうのでしょうか、やる気や我慢といった自分の欲求や感情をコントロールする能力のことをいいます。以前ハーバード大学の心理学者であるダニエル・ゴールマン博士により世間に広まった**EQとほぼ同義語と捉えていいでしょう。**

参考までにイエール大学の心理学者であるピーター・サロヴェイ教授が提唱したEQの定義を紹介したいと思います。

(1)自分自身の情動を知る能力
(2)感情を制御する能力
(3)自分を動機づける能力
(4)他人の感情を認識する能力
(5)人間関係をうまく処理する能力

このように彼が定義したものもつまり心に関する能力というわけです。

これまではどちらかというと認知機能の方が注目されていたように思いますが、ここにきて非認知能力、ＥＱの方に世間の関心は移りつつあるように感じます。

例えばそれは人生の成功や幸せを決定づけるのは認知能力よりも非認知能力の高さの方がより相関があることや、さらには**学力といった認知能力の影響が大きいものでさえ、好成績をとるためには非認知能力の助けが必要**であるといったことなどが今の時点でもさまざまな研究により分かってきたことが大きいのかもしれません。

さらに現代が、社会構造の複雑化に伴ってストレス社会になったことも要因の一つとして考えられます。心を整えることに人々の注目が集まるのは当然なのかもしれません。

それ以外にも我々は直感としてこれからの時代にはよりEQの能力が重要になってくることを敏感に感じ取っているといったこともあるのでしょう。現状でもインターネットをはじめ、AIなどのテクノロジーはかなり発達した社会になりました。この進化は今後もますます加速していくに違いありません。

例えばすでに現段階でも人間の認知能力のレベルにAIは追いつきつつあります。それはつまり認知能力に関しては将来的にAIに取って代わられる可能性があることを示しています。そんな世界になってくれば、人間の在り方というのも変わってくるでしょう。

そのような社会で人間の存在価値に何を求められるかというとそれはやはり「心」に関わる分野なのだろうと思います。このような理由から非認知能力といわれるEQに人々の視線がフォーカスされるようになってきたのでしょう。このEQは心に関する能力、つまり感情をコントロールする能力といわれていますが、その心も生まれる場所は脳です。

これまでも記憶の仕組みのところでお伝えしてきましたが、脳の中の大脳辺縁系というエリアの中でも特に「扁桃体」という場所で感情は生まれるのです。この扁桃体のすぐ脇には記憶を司る「海馬」があり、扁桃体で感情が生まれるとそれに刺激を受けた海馬には記憶を強化するというメカニズムがあるのです。また同じくこのエリアには「側坐核」といわれる場所がありここはやる気を生み出す場所でもあります。

喜怒哀楽という感情も記憶力を上げる要素ですが、この側坐核で生まれるやる気というものも記憶力のスイッチを入れるための重要な要素の一つなのです。要するにそもそも感情と記憶力は密接に関係しているということをまずは理解しておいてください。

## イチローが結果を出すために「イメージドリブン」でいた理由

イメージドリブン読書法は内容を覚えることを目標にして、それを実現する方法をお伝えしていますが、その方法は脳の記憶力をアップさせるメカニズムに基づいています。つまり、これを続けることにより記憶力の向上も期待できるということなのです。

記憶力が向上するということは記憶の司令塔である「海馬」そして同じく記憶と密接につながっている扁桃体や側坐核が含まれる大脳辺縁系の扱いがうまくなるということです。

話を戻しますが、ＥＱとは感情のコントロール能力です。感情をコントロールするのは、脳内のあるエリア同士の情報のやり取りで成り立っています。

エリアの一つは感情を生み出す大脳辺縁系です。もう一つは脳の前側に位置している前頭前野というエリアです。前頭前野は認知機能を担当するエリアで理性を司る場所でもあります。大脳辺縁系と前頭前野の連携により感情はコントロールされているのです。そのまま何もしなければ暴走してしまう感情を前頭前野の働きで制御しているのです。

ここまで説明してきた感情と記憶、または感情と理性のそれぞれの仕組みを考えると、認知能力と非認知能力といったようにその能力の種類は区別されていますが、それをコントロールする脳のメカニズムは共通する部分が多いというのが分かると思います。

イメージドリブン読書法でイメージ化を用いる理由は文章をイメージにすることにより感情を動かすことで記憶を強化することにあります。つまりイメージドリブン読書法とは記憶するという機能を間に挟んで感情にアプローチしている読書法ともいえるのです。

メジャーリーガーだったイチローさんが一般の人からの質問に答えている動画を見たことがあるのですが、その時の質問がまさに「どうすれば感情をコントロールできるのか？」というものでした。

現役時代、イチロー選手はプレー中にあまり感情を表に出さなかったのですがそれはあえてそうしていたのだそうです。感情を押し殺すことで敵のつけ入るスキをなくすのが目的でした。つまりそれは感情のコントロールをしていたということになりますがそのポイントはイチロー選手いわく、イメージなのだそうです。

そのイメージとは、こうしたらどうなる？　といった一つ先のイメージです。

そのイメージを見ることにより冷静に感情をコントロールできたというわけです。

## ［最高の人生⑤］アイデアがあふれて止まらなくなる

### イメージドリブン読書でアイデア体質になる3つの理由

現在の私はアイデアに困ることはなくなりました。おかげさまで本書も含めたくさん本も出版させていただけるようになりましたが本のアイデアも尽きることはありません。

しかし以前の私からすると今の状況はとても考えられませんでした。すべてはあることに出会ったことで「アイデア体質」に変わってきたのです。

その要因は「イメージ思考」にあります。イメージで、ものごとを考えるようになったきっかけはもちろん記憶競技です。以前もお伝えしましたが記憶競技のメインのテクニックがイメージ化なのです。

単語はもとより、人の名前を覚えるにも、数字を覚えるにも、トランプの並びを覚えるにもそれらをすべてイメージに変換して覚えることをします。毎日そのイメージ化のトレーニングをしているうちに、あるときから本書でお伝えしているようなさまざまな効果を実感するようになったのです。それからは何をするのでも意識的にイメージを多用するようになりました。

もちろん読書もそれからイメージドリブン法になったというわけです。イメージドリブン読書法をすることによってなぜアイデア体質になれるかの説明の前にまずはアイデアが生まれるメカニズムについておさらいしたいと思います。

アイデアというものはゼロの状態からは決して生まれないものなのです。すべてのアイデアとはそれがいかに斬新で画期的に思えるようなものでも既存のアイデアの組み合わせでしかないというのが現在では定説です。

頭の中に入ってきたタイミングも別々、関係性も全くないと思われていた知識同士がある時、化学反応を起こして新しい価値を持つアイデアに生まれ変わるという仕組みです。

それを踏まえた上でアイデア体質になる理由をご説明したいと思います。そのポイントは3つあります。

**最初のポイントは記憶力です。**アイデアが既存の知識の組み合わせだとするならば頭の中にある知識が多ければ多いほど組み合わせのパターンが増えるということになります。

つまりそれだけアイデアが生まれる確率が高くなるということです。

イメージドリブン読書法はもともと本の内容を覚えておくために、イメージを駆使する読書法です。それは要するに記憶力をよくするための読書法ということです。

先ほど述べた私の実体験でもお分かりのとおり、イメージを使って考える時間が増えれば増えるほど記憶力も向上していきます。記憶力がよくなれば、アイデアの元となる知識を大量に頭の中に取り込むことができるようになるというわけです。

**2番目のポイントが記憶の性質です。**言葉で表された知識の記憶のことを「意味記憶」といいます。

例えば「富士山の山頂までの高さは3776メートルである」とか「ここから3つ先の交差点の信号を左に曲がって30メートル進むとコンビニがある」とかいったような経験や出来事ではなく知識の記憶のことです。

第1章でもお伝えしましたが、脳はこの意味記憶のタイプの情報を覚えるのが得意ではありません。思い出す時も何かのきっかけがないと自由に思い出すことができません。

例えば「794年には何が起きた?」と聞かれて初めて平安京が遷都されたと思い出すことができるのです。

その点イメージの記憶は覚えるときにも有利ですが思い出すのも自由自在です。イメージの形で保管されている「思い出」はいつでも自由に思い出すことができることからもそれはお分かりいただけるでしょう。

イメージドリブン読書法によってイメージの形で記憶された情報同士が化学反応を起こして結びついた形もイメージというわけです。つまり頭に浮かびやすい、つまりアイデアとしてひらめきやすい情報の形ということなのです。

**そして3つ目がクリエイティビティ、創造力の向上です。**先ほどの記憶競技の話に戻りますが、記憶競技で私が使っていた手法のうち、特にアイデア体質になる要因はこれだったと思えるテクニックがあるのです。そのテクニックはPAO法といいます。

Pはパーソン（人やキャラクター）、Aはアクション（行動）、Oはオブジェクト（モノ）の頭文字です。このテクニックはトランプの順番を記憶するときに主に使われています。

細かい説明は省き、概略だけお伝えします。記憶競技ではイメージを使って覚えるといいましたが、このPAO法においては基準になるイメージは競技の前に作っておきます。

つまりトランプのカード一枚一枚に、このカードは「スーパーマン」、このカードは「逆立ちする」、このカードは「ジェットコースター」、といった具合に、あらかじめ自分で好きなイメージを設定しておき、それぞれのイメージを組み合わせて一つのイメージを作り上げる手法です。この例でいえばこの3枚のトランプの並びが出てきたら「スーパーマンがジェットコースターに逆立ちして乗っている」というようなイメージです。複数の情報を一つのイメージに圧縮できるので覚えるべき情報量が減り、記憶に有利なのです。

そこで作られるイメージはトランプの順番が毎回変わるので、それに合わせてイメージも毎回作り直しです。自動的に組み合わせが変わるので現実にはありえないようなイメージでも創造しなければなりません。

つまり私は毎日、通常なら関連性がない情報同士を組み合わせるトレーニングをしていたというわけで、それにより創造力が鍛えられたと思われます。

## 関連性がない情報同士の組み合わせが無意識にできるようになる

本の中の情報を組み合わせて一つのイメージを創造するという意味ではイメージドリブン読書法も同じ仕組みです。そこがこの読書法で創造性が鍛えられる理由なのです。

ちなみに私のアイデアが一番ひらめく状況は決まっています。シャワーを浴びているときです。これが分かってからは浴室で使えるメモとペンを常備するようになりました。

皆さんもアイデア体質になると、アイデアがひらめくシチュエーションは決まってくると思います。あとで皆さんのひらめくシチュエーションをお聞きしたいものです。

## ［最高の人生⑥］好奇心サイクルでスーパーブレインに

### 65歳なのに脳機能は20代。「スーパーエイジャー」たちは何が違うか？

脳を健康に保つためにはいろいろな考え方があります。しかし記憶力も含めた知的能力に関わる認知機能の維持、または向上を考えた時には間違いなく上位に来る要素があります。それが**「好奇心」**です。

第2章で紹介した「スーパーエイジャー」と呼ばれる人たち。実年齢は65歳を超えているのにもかかわらず、脳の認知機能が20代の若者と同レベルである人たちのことです。

**その彼らに共通する脳の特徴が「感情」に関わる部分の発達です。**つまり彼らの脳は感動しやすく感受性が高いため、それにより好奇心も人一倍旺盛だという特徴を持つのです。

この好奇心というものも記憶力をアップさせる大きな要因です。それは子供を見ていると分かります。子供がゲームやアニメのキャラクターの名前や電車などの乗り物の名称、型式など大人のこちら側が驚くほどの記憶力を見せることがあります。なぜあれほどの記憶ができるのかというと、そこに相手に対する好奇心が存在しているからなのです。

好奇心が生まれた時の心の状態を一言で言い表すとしたら「ワクワク」です。ワクワクするとは感情の動きです。感情が動くため記憶力もアップするのです。

この時の脳の仕組みを脳神経外科医の林成之氏はこう説明しています。脳が五感から得た情報を取り込むと、最初にA10神経群と呼ばれる部分に到達します。このA10神経群とは脳に入ってきた情報に対して「好きだ」「嫌いだ」「興味がない」など感情のレッテルを貼る部分です。ここで貼られたレッテルによりその後の脳の働きが変わってくるのです。

このA10神経群でマイナスの、またはネガティブなレッテルが貼られた情報には、その後の「理解・判断」「思考」「発想」「記憶」といった機能が働かなくなるのだそうです。

逆に考えるとプラスのレッテルが貼られた情報に対しては脳の知的機能が十分に働くということです。先ほどのワクワクした好奇心が記憶力を高めるのにはこういうメカニズムが働いていたというわけです。

この怖いところは林氏によるとものごとに対する好奇心や興味が薄れると、脳の働きもどんどん悪化してくるそうなのです。これまでも感情には記憶力を高める作用があることはお伝えしてきましたが、それだけにとどまらず「ワクワク」した感情を生み出す「好奇心」が脳の機能維持、向上にもつながっていたというわけです。

イメージドリブン読書法でイメージを使う理由の一つがこれです。そのままでは無味乾燥な文字の情報をイメージ化することで何らかの感情を喚起させることができるのです。

## いつまでも感受性豊かになり、脳が衰えない

実際イメージで考えることが記憶力、特に思い出す力を維持するのに役立つことも分かっています。例えばその日買い物で大根を買う必要があるときはあらかじめ頭の中でその様子をイメージングしておくのです。スーパーの野菜売り場で大根を手に取っている自分の姿を頭の中に浮かべておくのだそうです。

こうして行動を起こす前に、手順を具体的にイメージしておく習慣をつくっておくことで、いつまでも思い出す力をキープすることができるのです。イメージで思考することは間接的に感情を喚起し、その作用で認知機能を維持することにもつながってくるのです。

さらに林成之氏は脳の老化を防ぎ、新しく脳の思考回路を緻密にさせて、年を重ねながら思考力を高める効果がある方法を紹介しています。それが「**創造的思考**」です。

得た情報から自分の考えをまとめるような知的思考を繰り返すことによって行われるのが創造的思考というもので、端的にいうと「創造力を発揮する」といった脳の使い方のことだそうです。それは頭の中で想像を膨らませてものをつくるといった思考ということなのでイメージドリブン読書法で文章からイメージに変換するという行為はまさにそのものといった感じです。

脳には**「神経可塑性」**という性質があります。何らかの障害により感覚の一部の機能を失ったときなど、その機能を補填《ほてん》したり、特定の学習を続けたりといった外からの刺激によりそれに適応するような神経回路が増えていくという、脳の構造自体が変化する性質のことです。脳はいつからでも進化できるといったことを聞いたことがある人もいると思いますが、それは多くの場合この性質を基にしているのだと思います。

そこで先ほどの好奇心に話は戻りますが、好奇心を育むのにも、この神経可塑性を利用すればよいということになります。

つまり、イメージドリブン読書法↓イメージ化↓創造的思考↓感情喚起↓記憶力向上↓好奇心の向上↓イメージドリブン読書法↓イメージ化↓・・・といういわば好奇心サイクルを回すことによって、神経可塑性の効果でいつまでも好奇心を失わない、つまりそれは脳の性能を維持・向上が期待できるということにつながるというわけです。

## ［最高の人生⑦］勉強、仕事、スポーツ……。すべてに効くスゴイ能力が身につく

### 実は人生を左右する意外な能力：空間認識能力

空間認識能力の定義を簡単にいうと「物体同士の空間的な関係を理解し、記憶する能力」ということになります。頭の中で立体を想像してみたり、建物の間取りや街並みを思い出したり、要するにイメージに関する能力というわけです。

その点においてイメージドリブン読書法にも関係がある能力といえるのです。

他にも変わったところでは時間の長さをイメージする能力なども空間認識能力です。例えば「明日の14時」などと言われた場合、明日の14時までの時間の長さをイメージするといった、時空としての空間を把握する能力もこの能力の中に含まれています。

近年の研究によりこの空間認識能力がより注目されるようになってきました。

子供の将来の学問や職業における業績を正しく予測するためにこの空間認識能力の値が使えることが分かってきたことなどもその理由です。

以前ネイチャー誌に載った記事によると空間認識能力は、クリエイティビティやイノベーションにおいて主要な役割を果たし得るということです。この空間認識能力は脳の中の空間認知中枢というところが機能を担当しています。

それ以外にも言語中枢など脳の中でさまざまな部位に空間認識機能を持った細胞が存在して働いています。絵を描いたり、頭の中にイメージを浮かべることができたり、運動機能、例えばバランス感覚が必要な自転車に乗ることができるといった思考や体を動かす場面において重要な役割を担っています。

要するに脳全体の機能に関わるほどの能力というわけです。まさに頭の良さに直結する能力といえます。

ものごとの認識や判断、思考、そして本書のテーマである記憶においても空間認識能力の働きが必要となってくるため、この能力が低い人は判断を誤ることが多かったり、記憶がなかなかできなかったりもするのです。

そして作業や仕事の手順を考えるときなどもこの能力が必要になってきます。つまりしなければならない複数の仕事を頭の中で並べたり組み替えたりしてベストな流れを考えるといった全体像の把握のような能力も空間認識の能力というわけです。

**空間認識が苦手な場合には作業を進める要領も悪く、仕事も遅いということになってしまうのです。**

勉強、仕事以外にもスポーツなどにもこの能力は関係してきます。スポーツにおいては人やボールやスペースといった自分と相対するものの位置関係を正確に把握し、自分の体を適切にコントロールする必要があります。空間認識能力が低いとスポーツへの対応力も低くなってしまうということです。

## 頭がいい人は結局、空間認識能力が高い人でした

この空間認識能力のうち特にイメージドリブン読書法に関係が深い能力があります。

それは**「メンタルローテーション」**という能力です。メンタルローテーションとは頭の中だけで物体を回転させてみたら、どう見えるかをイメージできる能力のことです。

例えば紙に描いてある絵を見て、それが逆さまになったらどう見えるのかを頭の中で想像できたり、あるいは立体のものを頭の中で動かしてみて別の角度からはどう見えるのかをイメージしたりすることができるといったことです。

この能力をここで取り上げる理由はメンタルローテーションの能力はイメージ操作としてのイメージ力であり、しかも研究でこの頭の中のイメージの扱いがうまい人ほどＩＱが高いことが分かっているからです。

このメンタルローテーション能力に関しては第2章でも紹介したように東京大学の池谷裕二教授によると、この能力が向上することにより「垂直思考」と「水平思考」が養われるという効果もあるというのです。

「垂直思考」とは一つの問題を徹底的に深く掘り下げて考えていく能力のことで、「水平思考」とは連想を使って想像力を刺激したくさんアイデアを発想する能力のことです。

記憶力を伸ばすポイントの一つに脳の中の「場所細胞」という神経細胞を積極的に使うとよい、ということがあります。場所細胞とは脳の中で記憶を司っている部位である海馬の中にある神経細胞のことです。主な機能は自分と空間との位置関係などを把握するのに使われたりすることから空間把握を利用するメンタルローテーションにも高い相関があると考えられています。

そしてこの能力もまた私が記憶競技のイメージ化の練習を続けるうちに同時に鍛えられたことを実感している力です。記憶術の中にもこの人の空間認識能力を利用した方法が存在します。いろいろな言い方があるのですが「場所法」という名前が一番よく知られています。頭の中に仮想空間を構築して情報をそこへ保管するというテクニックです。

簡単に場所法の説明をしておくと、「場所」とは記憶したものを保管しておく場所のことです。自分の身近にあるものなら何でも構いませんが、やはりその中でも毎日生活している自宅を設定することが一般的です。

場所といっても実際には構造物や物体のことを指します。例えば自宅の中を歩き回ったとしてその順番に存在している構造物や、もの、例えば、ドア、テレビ、花瓶、ベッド、ポスター、などが場所法における記憶の保管場所となります。

そして覚えたいものをイメージに変えてこの記憶の保管場所に貼り付けていくのです。そして思い出すときには玄関ドアから順番に場所をたどっていくとそこに結びついたイメージがあるのでそれを言葉に戻せばいいというわけです。

この技法の練習を続けていくことで空間認識能力が鍛えられるというわけです。

**このように空間認識能力は後天的に鍛えることができます。**空間認識能力を高めるには何といっても脳の中の場所細胞を活性化させることです。

その場所細胞を活性化させる要因である「頭の中にイメージを浮かべる」という技法が、イメージドリブン読書法そのものなのです。

イメージ思考が空間認識能力を高めて頭をよくしてくれるというわけです。

## ［最高の人生⑧］ スティーブ・ジョブズばりに伝え方がうまくなる

### プレゼンが下手なのは「文字」で考えているから

以前、ある有名なタレントの方が上手な話し方のコツというのを話している動画を見たことがあります。初めに詰まらずに話を続けるコツというのを話していて、その理屈を説明していました。例えば目の前にあるものを見ながら、それを一つずつ説明していけば当然ながら話が詰まってしまうことはないわけです。

「ノートパソコンがあって、画面の右端には付箋が2枚貼ってあり、1枚には14時にTELと書いてあって、もう1枚には締め切りは10月30日とあり・・・」という感じで話していけば延々と話し続けることは簡単です。

実際、人に話をするときには、もちろん実物を見ながら話すわけにはいかないので、実物の代わりに頭の中にイメージを浮かべ、それを見ながら話せばよいというわけです。

**このイメージを見ながら話すというのが実は伝え方の達人になるために重要なのです。**

ここで話は変わりますが、なぜいつまでたっても詐欺の被害ってなくならないのでしょうか。テレビでも詐欺のニュースがたびたび流れます。そんなうまい話があるわけないだろうというような、毎度おなじみといった詐欺の被害が後を絶ちません。もしかすると特別なだましのテクニックでもあるのでしょうか。その理由も実はここでする話と無関係ではありません。

皆さんは面白い小説を読んでいるうちに、文章の文字を追っているという意識がいつの間にか薄れ、イメージの世界に入り込んだ感覚を持った経験はありませんか。それが、その小説が面白いか、そうでないかを測る一つのバロメーターでもあるのです。

つまり読者が自然にイメージの世界に没入してしまう小説が面白い小説ということなのです。

これは人前で話をする講演などでも同様です。**素晴らしい講演家の条件というのは話しているうちに聴衆の頭の中に自然にイメージを浮かばせることができるかどうかなのです。**いつの間にか話に引き込まれ、講演が終わった後も話の内容が頭に残るような講演というのは聴衆の頭にイメージを描かせることができたからこそ可能なのです。

先ほどの詐欺師も実はこの方法を利用しているのです。被害者の頭の中に、だます商品などのイメージを浮かばせることによって実際には存在しない話に説得力を持たせるのです。

同列に並べるのは失礼とも思いますが、では講演家と詐欺師に共通の、聴いている人にイメージを浮かべさせる方法はどんなものなのでしょうか。それこそがまさに冒頭でお話しした伝え方の達人になるポイントなのです。つまり話す側も頭の中にイメージを浮かべてそれを見ながら話すという手法です。頭の中に浮かべたものがイメージとはいえ、実際にそれを見ながら話しているので、話に説得力が増すのです。

特に詐欺師の場合、実際にはないものを話すのですから、事前の準備が必要になります。その準備とはイメージづくりなのです。

形、大きさ、色、質感、匂い、持った時の感触といった事細かな情報を盛り込んだイメージをあらかじめ作っておき、だます時にはそのイメージを見ながら話すというわけです。

ディテールが細かければ細かいほど聞き手をその話にリアリティを感じてしまうという寸法です。

## うまい講演家は相手の頭にイメージを浮かばせる

ではなぜイメージが浮かぶとその話にリアリティを持たせられるのでしょうか。これもまた脳の性質によるものです。脳の性質として、実際に目で見た映像と頭の中に浮かべた映像とを区別しないというものがあります。

つまり脳にとっては目で見たものもイメージも、どちらもリアルなものという認識になるのです。だからたとえそれが耳から聞いた話であっても頭の中ではイメージを見ているために心が動かされるというわけなのです。

この性質は何かを伝える以外にもさまざまな場面で使われています。例えばスポーツの世界などではこれをイメージトレーニングとして利用しています。

頭の中で事前に本番でのプレーをイメージでシミュレーションしておくことで、メンタルの過緊張を防止し、他にもプレーの反応を速くして高いパフォーマンスを生み出す効果などが期待できます。

他にも目標達成法にこのイメージはよく使われています。自分がその目標を達成した姿などをイメージングするのです。

すると脳はその成功した姿と現実との間のギャップに違和感を感じ、そのギャップを埋めようと本人の行動を促してくれるのです。

冒頭のタレントさんの話に戻りますが、その方はこうも言っていました。

「その人が話の上手な人かどうかを判断する基準は、人に道順を上手に教えられるかどうかで分かる」

道順がうまく伝わらない人は、知識としての情報を伝えている場合が多いのです。それに対して、伝えるのがうまい人というのは、自分が頭の中でその場所にいることを想像して、その景色を見ながら話しているから分かりやすく伝わるのだと言っていました。そのためイメージを使って道を教える練習などをすれば話の伝え方の良い練習にもなるのだとか。

しかしイメージドリブン読書法を使って、本の内容のイメージ化、つまりイメージングの練習をしている皆さんにとっては、あえてそんな練習をする必要などないというわけです。イメージドリブン読書法が浸透した後にはイメージを見ながら、話をすることなど容易にできるようになっているはずです。

## ［最高の人生⑨］応用可能なアウトプットができる

### アウトプットとインプットの間のプロセスが重要

アウトプット能力が高いとはどういうことをいうのでしょう。

アウトプットの数、生み出す量の多さというのもあるでしょうし、アウトプットの品質、価値ある成果が出せるということもあるでしょう。つまりそれらを合わせたアウトプットの結果を総じてアウトプット能力が高いというのではないでしょうか。

そのアウトプット、当然ですが、何といってもインプットがなければ始まりません。そこで誰もが自分にとって良いアウトプットをするためにさまざまな媒体を通してインプットをしているというわけです。

しかし中にはこのインプット↓アウトプットのフローがうまくいかないタイプの人たち

もいます。
アウトプットの理想はインプットした情報に対して量も質も

アウトプット＞インプット

という関係にしたいところですが、うまくいかないケースでは

インプット＞アウトプット

の関係になっていることが多いようです。

このタイプの人たちに共通する思考パターンというものがあります。

本やセミナーからインプットする場合、そこで伝えている内容がそっくりそのまま現在の自分に当てはまる、つまりそのままの形で使える情報しか受け入れないというものです。

これではいくらインプットの機会を持ってもたくさんの質の高い成果を出すことはできません。インプットしたものをそのままアウトプットしているにすぎないからです。

**大事なのはインプットとアウトプットの間に挟まれている処理・加工といった「プロセッシング」の工程なのです。**

つまりインプットされてきた情報に対して、再解釈をする工程のことです。この工程で情報をどう処理するかによってアウトプットの質が変わってくるというわけです。

## 1つの情報から2倍以上の価値を生む抽象化思考

そしてこのプロセッシングの工程を支える能力の中で一番重要になってくる能力が**「抽象化思考」**だと考えています。

抽象化して考えるとは何かというと、ある具体的なものごとを、その意味や性質や構造や理由などの観点から分類を行って、一つ上の階層のより広い範囲の考え方を見つけることを表します。

ここでは「犬」を例にとり、なぜ抽象化思考の能力が上がるとアウトプットの結果もそれに伴ってよくなっていくのかを解説したいと思います。

この犬という言葉を考えた場合、その概念の一つ上の階層には、「哺乳類」という概念があることは理解いただけると思います。

簡単にいうとこのようにあるものが含まれているグループの枠を広げていくことを抽象化といいます。当然、哺乳類の上位には「動物」さらにその上には「生物」という階層も存在しています。

一つ階層を上った、つまり犬という具体的なものを抽象化した「哺乳類」では猫や猿や牛やイルカ・・・というように情報量が増えるわけです。

そしてまた階層を上って「動物」までいくと、より枠は広がり爬虫《はちゅう》類、鳥類、両生類、魚類・・・といったようにさらに情報は広がることになります。

抽象化をして概念の階層を上がっていき、その階層ごとの情報にアクセスすることによってスタートの犬からは思いもよらなかったものとつながることができるのです。

これをインプットされた情報に対して行ったとしたらどうでしょう。そのままでは自分に当てはまらない、自分にとっては価値がない、と一見思われた情報もそこから抽象化の階段を上がりその階層から横展開することによって、実は気づかない価値があったことに気づくかもしれません。少なくともアウトプットの価値を高めてくれる可能性を秘めた情報の選択肢が増えることは間違いありません。

この思考ができるようになると1の情報に対して1以上の価値を見いだせるようになります。逆にこれができないといつまでも1の情報は1のまま受け取ることしかできず、インプットの際の情報の判断基準がそのまま使えるか、使えないかの二択しかありません。

私自身も何か新しいことを始めるときには毎回抽象化思考を行ってその対象が持っている本質というものを自分なりのレベルで確認するようにしています。

例えば新しい記憶のテクニックを考えるときなども抽象化思考を使っています。

すでに世の中に存在する記憶の方法はさまざまありますが、それらを見て、なぜこの方法をとると覚えることができるのか、これはつまりどういう考えに基づいて作られているのか、などと抽象化のレベルを上げていくのです。

すると最終的には記憶ということで脳のメカニズムのところまで到達するわけです。そこまでいくと自分なりの記憶の原則ともいうようなものが見えてきます。

すると今度はそこから抽象化の反対、つまり原則を具体化の方向へと下りてくることによって自身オリジナルの新しい方法というものをつくり出すことができるのです。

イメージドリブン読書法はイメージ化がメインコンセプトです。

本の内容をまとめてイメージに変えながら読んでいくというわけですが、本書でお伝えしているイメージ化の3つの特徴、「映像」「シンボル」「図式」を把握するためには実は抽象化思考が必要なのです。

本文を頭の中でまとめながらイメージ化していくこと自体が抽象化をしているというわけです。つまりイメージドリブン読書法というのは内容を覚えるための手法と同時に、ある意味、抽象化思考のトレーニングをしていることにもなっているのです。

続けていくうちに抽象化思考の力が養われることで、それに伴っていつの間にかアウトプットの能力も向上しているということになるのです。

# 参考図書

『EQ　こころの知能指数』（講談社）
『記憶力を強くする―最新脳科学が語る記憶のしくみと鍛え方』（講談社）
『基礎から学ぶ認知心理学―人間の認識の不思議』（有斐閣）
『思考の整理学』（筑摩書房）
『世界記憶力グランドマスターが教える 脳にまかせる勉強法』（ダイヤモンド社）
『何歳になっても脳は進化する！：冴える、わかる、はかどる！』（三笠書房）
『脳のワーキングメモリを鍛える！ 情報を選ぶ・つなぐ・活用する』（NHK出版）
『ヒルガードの心理学 第16版』（金剛出版）
『メタ認知で〈学ぶ力〉を高める：認知心理学が解き明かす効果的学習法』（北大路書房）
『メンタルローテーション〝回転（ローテーション）脳〟をつくる』（扶桑社）
『やり抜く人の9つの習慣 コロンビア大学の成功の科学』（ディスカヴァー・トゥエンティワン）

［著者］池田 義博（いけだ・よしひろ）

「2019 年度 記憶力日本選手権大会」優勝者。日本人初「世界記憶力グランドマスター」獲得者。

記憶術と出合ったことがきっかけで記憶力に興味をもち、日本記憶力選手権大会に出場。40 代なかばでの初出場にも関わらず、10 か月の練習で優勝を果たす。その後 2019 年まで、6 度出場し、すべて優勝。また 2013 年にロンドンで開催された世界記憶力選手権において日本人初の「記憶力のグランドマスター」の称号を獲得。

現在は記憶力も含め、世のなかの多くの人たちの「脳力」向上に貢献することを自身のミッションとして活動中。テレビ・ラジオの出演および著書多数。

グランドマスタージャパン代表。

公式 HP：https://ikedayoshihiro.com/

# 一度読むだけで忘れない読書術

2021 年 2 月 22 日　初版第 1 刷発行
2021 年 3 月 22 日　初版第 2 刷発行

著　者――――――池田 義博
発行者――――――小川 淳
発行所――――――SBクリエイティブ株式会社
〒 106-0032　東京都港区六本木 2-4-5
電話：03-5549-1201（営業部）

装丁――――――井上 新八
本文デザイン・図版―荒井 雅美（トモエキコウ）
DTP――――――株式会社 RUHIA
編集担当――――――水早 將
印刷・製本――――中央精版印刷株式会社

本書のご感想・ご意見をQRコード、URLよりお寄せください
https://isbn2.sbcr.jp/07739/


ISBN978-4-8156-0773-9